Métier **Enseignant**
● Pratiques pédagogiques

Cycles 1 à 3

Claire Rigaud, orthophoni
Marie-Christine Dortier, enseignante

Détecter et aider les ÉLÈVES DYS

Outils inspirants pour un accompagnement réussi !

Vuibert

ISBN : 978-2-311-40892-4

Conception intérieure et illustrations : Marie Dortier

Conception couverture : Marthe Oréal

Achevé d'imprimer en avril 2021
sur les presses de la SEPEC (France)
Numéro d'impression : 09467210375
Numéro d'éditeur : MAGSI-20190955
Dépôt légal : mai 2021

IMPRIM'VERT®

PEFC 10-31-1470 / Certifié PEFC / Ce produit est issu de forêts gérées durablement et de sources contrôlées. / pefc-france.org

Sommaire

INFO/INTOX 5

Trois prérequis essentiels aux apprentissages écrits 9

Prérequis 1. L'importance du « bien voir » 11
Prérequis 2. L'importance du « bien percevoir » 18
Prérequis 3. La conscience phonologique 25

Chapitre 1 – La dyslexie. Trouble spécifique de la lecture 31

1. Comprendre la dyslexie 33
2. La dyslexie en classe 38

Chapitre 2 – La dysorthographie. Trouble spécifique de l'orthographe 47

1. Comprendre la dysorthographie 49
2. La dysorthographie en classe 53

Chapitre 3 – La dyscalculie. Trouble spécifique des mathématiques 63

1. Comprendre la dyscalculie 65
2. La dyscalculie en classe 71

Chapitre 4 – La dysphasie. Trouble développemental du langage oral 82

1. Comprendre la dysphasie 85
2. La dysphasie en classe 90

Chapitre 5 – La dyspraxie. Trouble du geste et de la coordination 100

1. Comprendre la dyspraxie 103
2. La dyspraxie en classe 110

Chapitre 6 – La dysgraphie. Trouble spécifique de l'écriture 125

1. Comprendre la dysgraphie 127
2. La dysgraphie en classe 132

Chapitre 7 – Le syndrome dysexécutif. Trouble spécifique des fonctions exécutives 141

1. Comprendre le syndrome dysexécutif 143
2. Le syndrome dysexécutif en classe 150

Dispositifs d'aide et de soutien 161

Dispositifs officiels en France 162

Cinq éclairages à garder en tête 175

Les fonctions cognitives 176
Les 4 piliers de l'apprentissage selon Stanislas Dehaene 177
La double tâche 178
La collaboration : le terreau de la réussite 179
12 conseils à destination des parents 180

Boîte à outils 181

Liens utiles 182
Ressources/Matériels/Logiciels 185
Sigles Dys 189
Bibliographie 190

INFO/INTOX

Un élève ayant un trouble DYS présente souvent plusieurs types de difficultés scolaires.

INFO

Actuellement, on parle de trouble spécifique des apprentissages. Il est spécifique parce qu'il a trait à un domaine bien précis, mais ses manifestations sont souvent plurielles (exemple : un élève souffrant d'un syndrome dysexécutif pourra avoir des difficultés au niveau des mathématiques, de l'expression orale, de la compréhension).

D'où l'importance de réaliser plusieurs examens pour cerner les difficultés et poser un diagnostic.

Un diagnostic, c'est avant tout une étiquette qui enferme l'enfant !

INFO et INTOX

Un diagnostic a pour but de mettre un mot sur des difficultés, de comprendre et de relativiser. Il devient dangereux lorsque l'on définit l'enfant par son diagnostic et qu'il en devient prisonnier.

Il faut simplement veiller à ne pas tomber dans cette dérive en mettant toujours le diagnostic au service de l'enfant, et ne pas hésiter à le requestionner au besoin.

L'ordinateur en classe n'est pas une bonne idée, l'élève va se sentir différent de ses camarades.

INFO et INTOX

L'ordinateur en classe à destination des élèves DYS est effectivement une différenciation. C'est une manifestation visible du handicap qui, lui, est invisible.
L'aide devient problématique si aucune information n'a été donnée au préalable à la classe. Il est important que les autres élèves soient au courant de ce que sont les troubles DYS, leurs conséquences sur les apprentissages, et pourquoi des aides sont mises en place.
Refuser les compensations par peur de la stigmatisation reviendrait à priver de lunettes un élève myope.

Avant, les troubles DYS n'existaient pas !

INTOX

Les troubles spécifiques des apprentissages ont toujours existé, mais c'est avec l'apogée des neurosciences et de l'imagerie cérébrale que l'on a pu apprendre à les reconnaître et à mieux les appréhender.

Les aménagements/adaptations et les compensations doivent être mis en place avant que l'élève DYS soit en échec scolaire.

INFO

C'est absolument vrai ! Et ce, pour plusieurs raisons :

- Le trouble est durable, donc il doit être pris en compte car il ne va pas « guérir » avec le temps.
- Les élèves DYS sont très souvent en situation de double tâche sans que l'on en prenne conscience, et obtiennent des résultats en dents de scie qui ne sont pas le miroir de leurs compétences.
- Souvent intelligents, ces élèves sont en compensation permanente, ce qui les épuise et les ralentit.
- C'est prendre soin d'eux à long terme, en évitant d'user leur estime de soi, leur volonté et leur confiance !

Un élève qui écrit mal est forcément dysgraphique.

INTOX

Une difficulté peut en cacher une autre. En effet, un élève qui écrit mal pendant une dictée peut souffrir d'une dysorthographie. Il sera tellement focalisé sur l'objectif d'orthographier correctement les mots que son écriture en deviendra brouillonne.

Les difficultés scolaires et/ou d'apprentissage cachent systématiquement un trouble DYS.

INFO et INTOX

Non, c'est le cas dans 4 à 6 % des cas seulement !

Les difficultés scolaires peuvent avoir plusieurs origines :

- L'environnement (social, familial, affectif, pédagogique…) : l'élève souffre d'un retard et non d'un trouble.
- Une déficience (sensorielle, motrice, intellectuelle…).
- Un trouble neurodéveloppemental (DYS).

Un élève souffrant d'un trouble DYS a souvent peu d'estime de lui-même.

INFO

C'est malheureusement vrai. Très souvent, les élèves DYS ont une forte tendance à l'autodépréciation.

Intelligents, ils ont souvent une conscience fine de leurs difficultés et sont frustrés de ne pas se voir réussir.

Un enfant souffrant d'un déficit intellectuel peut également avoir un trouble DYS.

INTOX

Si les manifestations peuvent se ressembler, il n'en reste pas moins que leur cause est différente. Une déficience mentale peut, à elle seule, expliquer un retard et des difficultés scolaires.

Le suivi thérapeutique d'un enfant DYS peut être court et s'arrêter alors que des difficultés sont encore présentes (orthophonie, psychomotricité, ergothérapie...).

INFO

Le but d'un suivi thérapeutique est d'équiper l'élève afin qu'il soit autonome et à l'aise dans les apprentissages (avec des aménagements fonctionnels si besoin).
Le suivi est suspendu quand ces trois points sont atteints.
On ne vise ni la norme, ni la perfection.

L'ergothérapie permet de guérir la dyspraxie.

INTOX

La dyspraxie est un trouble durable. Ce serait une erreur de viser la guérison. Il est important de garder cette idée en tête : on ne cherche pas atteindre la norme car le fonctionnement est atypique.
La rééducation ergothérapique œuvre pour atténuer l'impact du trouble sur les apprentissages. Le but est d'augmenter l'adaptabilité de l'élève par des soins et des aménagements en classe.
Il en va de même pour l'orthophonie et la psychomotricité.

Les aménagements en classe doivent être gardés même si l'élève obtient de bons résultats scolaires.

INFO

Les aides apportées en classe ont pour but de soulager l'élève DYS, d'éviter de le mettre en double tâche et ainsi de lui permettre d'exprimer son vrai potentiel.

Si, avec des aménagements et adaptations, il obtient de bonnes notes, c'est que ces aménagements fonctionnent.

Les résultats sont le reflet de son travail et de ses compétences. Il serait discriminant et injuste de lui enlever ces aménagements.

Travail et volonté : voilà ce qu'il manque aux enfants DYS pour réussir !

INTOX

C'est évidemment faux, à bien plus d'un égard !

D'abord, en affirmant cela, on nie le handicap invisible qui entrave largement les apprentissages de l'élève. Ensuite, c'est bien souvent harnachés d'une volonté farouche que ces enfants traversent leur cursus scolaire. Enfin, pour un même résultat, ils doivent fournir beaucoup plus d'efforts qu'un élève lambda.

Les difficultés d'un élève allophone sont uniquement dues à sa non-maîtrise de la langue française.

INTOX

Un élève allophone présente souvent des difficultés d'apprentissage. La non-maîtrise du français ne le préserve pas, cependant, de souffrir d'un trouble DYS. C'est pourquoi il est important de rester vigilant et de garder en tête, face à des difficultés persistantes, la possibilité d'un trouble.

NOPQ
DEFGH
NOPQ
La poule

Trois prérequis essentiels aux apprentissages écrits

Prérequis 1. L'importance du « bien voir » 11

1. Comprendre et entraîner 11
2. Les 5 habiletés du traitement visuel 11
3. Les signaux d'alerte 13
4. Le trouble neurovisuel 13
5. Cas pratique 15
6. Fiche pratique 16

Prérequis 2. L'importance du « bien percevoir » 18

1. Comprendre et entraîner 18
2. Les 5 habiletés du traitement de l'information auditive 19
3. Les signaux d'alerte 20
4. Le trouble du traitement auditif (TTA) 20
5. Cas pratique 22
6. Fiche pratique 23

Prérequis 3. La conscience phonologique 25

1. Comprendre et entraîner 25
2. Les 4 habiletés phonologiques 25
3. Les signaux d'alerte 26
4. De quoi avons-nous besoin pour apprendre à lire et à écrire ? 26
5. Cas pratique 28
6. Fiche pratique 29

Prérequis 1

L'importance du « bien voir »

1. Comprendre et entraîner

Lors de sa naissance, le bébé en ouvrant ses yeux commence à explorer le monde du regard, à analyser et à intégrer des informations visuelles. Ses compétences, à ce niveau-là immatures, vont s'affiner et se développer tout au long de la petite enfance. À l'entrée en maternelle, le jeune élève va entraîner ses habiletés pour préparer l'entrée dans l'écrit.
Par exemple, lorsque l'on joue à trouver les différences entre deux images, on entraîne le cerveau à différencier deux formes visuellement proches, ce qui plus tard aidera à distinguer deux lettres miroirs comme le b et le d. Cet entraînement, dans les premières années d'école, est essentiel car il va être le terreau dans lequel l'écrit va pouvoir s'enraciner.

2. Les 5 habiletés du traitement visuel

Les apprentissages écrits sont visuellement très contraignants. Lire, par exemple, requiert des yeux une discipline, une attention visuelle et une organisation stricte.

Habileté visuelle requise pour les activités écrites	Rôle	Que proposer ?
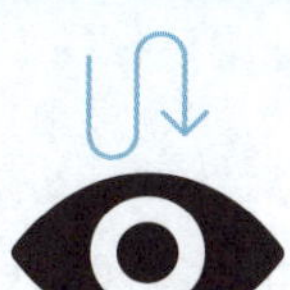 **1. Un balayage visuel organisé**	• Revenir à la ligne (sans en sauter une). • Lire tous les mots dans la phrase (sans en oublier). • Respecter l'ordre des mots dans une phrase.	Favoriser l'utilisation du « doigt curseur » ou d'un « guide ligne » pour soutenir les yeux au début de l'apprentissage en lecture. L'enfant abandonnera naturellement cette béquille lorsqu'il n'en aura plus besoin.

2. Une bonne acuité visuelle	• Voir les lettres lorsqu'elles sont proches (sur un livre par exemple). • Voir les lettres lorsqu'elles sont plus loin (au tableau).	Demander un contrôle ophtalmique systématique avant le CP. Ayant grandi avec cette réalité visuelle depuis l'enfance, l'élève qui voit mal ne manifestera pas forcément d'inconfort ou de gêne.
3. Des mouvements oculaires précis et efficaces, à savoir : • Des fixations efficaces (fixer son œil sur une lettre et pas une autre). • De bonnes saccades (mouvements rapides et brefs des yeux). • Une poursuite oculaire juste, pour suivre de manière fluide une ligne de texte. Des yeux qui collaborent (***a contrario*** d'un œil qui domine l'autre).	• Différencier les lettres visuellement proches (exemple : b/d). • Ne pas inverser les lettres au sein d'un mot (exemple : on/no). • Ne pas inverser les syllabes dans un mot. • Lire les mots jusqu'au bout (ne pas deviner les fins de mots). • Respecter l'ordre des lettres dans un mot.	Demander un contrôle orthoptique au moindre doute.
4. Des ressources au niveau de l'attention visuelle	Rester concentré sur l'activité en cours et avoir une bonne exploration visuelle.	Éviter les distracteurs visuels trop importants (trop d'affiches, trop de matériel sur la table de l'élève).
5. Un bon empan visuo-attentionnel (nombre d'unités distinctes qui peuvent être traitées et retenues simultanément dans une séquence de mots)	Pouvoir traiter plusieurs groupes de lettres en même temps (exemple : copier un groupe de mots au tableau et non faire de la copie lettre par lettre).	Donner à l'élève qui fait de la copie lettre à lettre au tableau des défis progressifs d'écriture (exemple : cette semaine écrire deux lettres d'un coup, puis trois, puis lire d'abord le mot, le garder en tête puis l'écrire...).

Les compétences visuelles deviennent de plus en plus performantes avec l'entraînement. Un élève qui peine à entrer dans la lecture peut souffrir de difficultés au niveau visuel. Reprendre des jeux visuels (*cf.* fiche pratique de ce chapitre p. 16), d'abord sur des images, puis sur des lettres, peut l'aider à poser les fondements qui lui manquaient pour entrer dans la lecture par exemple.
Le travail visuel préparatoire à la lecture et l'écriture est donc une base importante dont on ne peut faire l'économie.

3. Les signaux d'alerte

- Des yeux souvent rouges ou larmoyants.
- L'impression que l'enfant louche.
- Une copie non efficace.
- Des sauts de ligne.
- Une désorganisation dans l'écriture et sur la feuille.
- Des inversions visuelles.
- Des confusions visuelles (exemple : b/d, m/n, p/q).
- Un devinement en lecture.
- Des oublis fréquents ou des confusions des petits mots liens (exemple : le/la/les).
- De mauvais résultats scolaires ou un désintérêt manifeste pour l'école.
- Une plainte pour des maux de tête.
- Un clignement ou un plissement des yeux récurrent.

4. Le trouble neurovisuel

A. Qu'est-ce que c'est ?

Un trouble neurovisuel est d'origine cérébrale (il n'est pas lié au fonctionnement de l'œil).
Il entraîne des difficultés au niveau des mouvements oculaires (fixation, saccades et poursuite oculaire). Il est difficilement détectable, car il n'est pas facile pour les enfants de formuler une plainte précise.

B. Quelles sont les incidences sur les apprentissages ?

- **La lecture :** sauts de lignes (oublis de mots), inversions de syllabes. Manque de fluidité, lenteur et problèmes de compréhension.

- **L'orthographe :** difficultés de mémorisation visuelle de la forme globale du mot.

- **La copie :** lorsqu'il copie un texte, l'enfant va lentement, il oublie des mots ou des lignes. Il est obligé d'effectuer plusieurs allers-retours visuels au tableau pour recopier un mot. Il a également des difficultés pour « photographier » l'ensemble des lettres du mot.

- **L'écriture :** elle est irrégulière, peu soignée, et l'enfant ne suit pas toujours la ligne.

• **L'arithmétique** : inversion de chiffres (exemple : 17/71), oublis de retenues, difficultés à poser les calculs en colonnes et à aligner les chiffres correctement, il se perd dans les tableaux à double entrée.

• **La géométrie :** difficultés pour reproduire une figure dans un quadrillage, pour relier deux points, pour mesurer précisément. Ces difficultés se dévoilent peu à peu au fil des sollicitations et des exigences liées à l'âge de l'enfant, mais aussi en fonction de ses capacités de compensation.

C. Vers quel spécialiste pouvez-vous orienter votre élève ?

L'ophtalmologue, et un orthoptiste spécialisé en neurovision.

Cas pratique

Max, 7 ans, CE1

L'année prochaine je serai en CE1. J'aime bien l'école, surtout les récréations. J'adore apprendre des choses en classe, et surtout en parler. Ma maîtresse dit que je suis très curieux.

J'aime un peu tout ce qu'on fait sauf quand il faut lire. Le pire, c'est lire des mots devant les autres. Je n'y arrive pas. Ce n'est pas ma faute si les lettres dansent. Mais comment font les autres pour faire la différence entre b et d ?

L'enseignant remarque :

- **Des confusions visuelles (exemples : b/d, m/n, p/q).**
- **Des inversions de lettres (exemples : in/ni, on/no).**
- **Des sauts de lignes.**
- **Des oublis ou des confusions sur les petits mots (exemple : le/la/les).**
- **Des difficultés pour apprendre le code écrit (les graphèmes).**

Les parents expliquent que :

- **Max n'arrive pas à rentrer dans la lecture.**
- **Il est motivé et volontaire.**
- **L'apprentissage du code écrit ne rentre pourtant pas. Les lettres ne s'impriment pas, et c'est comme s'il fallait tout recommencer à chaque fois.**

Que pourrait proposer l'enseignant aux parents ?

- **Un bilan neurovisuel chez un orthoptiste spécialisé.**
- **Un bilan orthophonique, si les difficultés de lecture persistent dans le temps.**

Fiche pratique

Comment entraîner les compétences visuelles en 4 étapes ?

Quel est l'objectif de cette fiche ?

Il s'agit de reprendre les bases visuelles et de monter petit à petit en compétence *via* un programme d'entraînement simple qui permettra aux enfants d'être équipés visuellement pour la lecture.

De petites sessions d'entraînement courtes et régulières (idéalement journalières) sont préférables à une longue session de travail.

Nous vous conseillons de proposer ces quatre étapes sur des dessins de plus en plus complexes, puis passer sur du matériel signifiant (lettres/mots/nombres).

Étape 1. Identifier un modèle (avec des images)

Consigne : retrouve l'image identique au modèle.

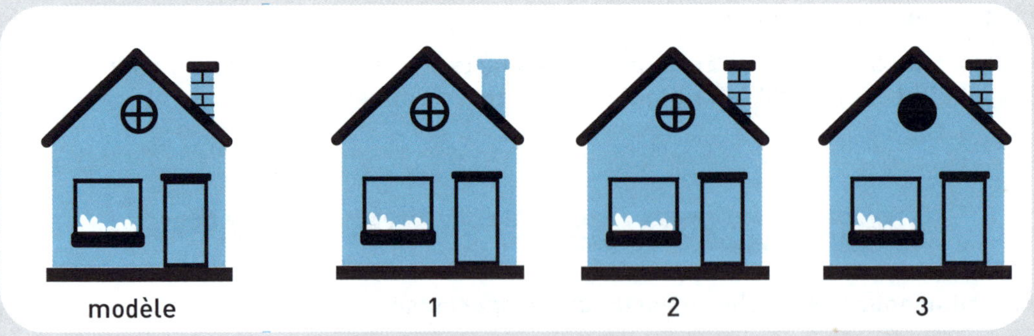

Étape 2. Identifier l'image différente du modèle

Consigne : retrouve l'image qui est différente du modèle.

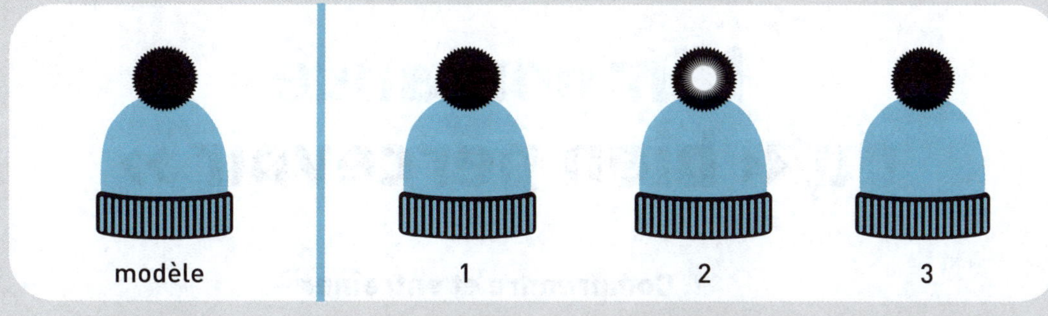

Étape 3. Analyser le sens de l'image

Consigne : retrouve l'image qui va dans le même sens que le modèle.

Étape 4. Analyser des différences de plus en plus complexes dans les images

Consigne : mets les images identiques ensemble.

Prérequis 2

L'importance du « bien percevoir »

1. Comprendre et entraîner

Lorsque l'enfant développe la lecture et l'écriture, il doit mobiliser de nombreuses compétences. Il va s'appuyer notamment sur les sons, les phonèmes qu'il perçoit et qu'il a appris à différencier.

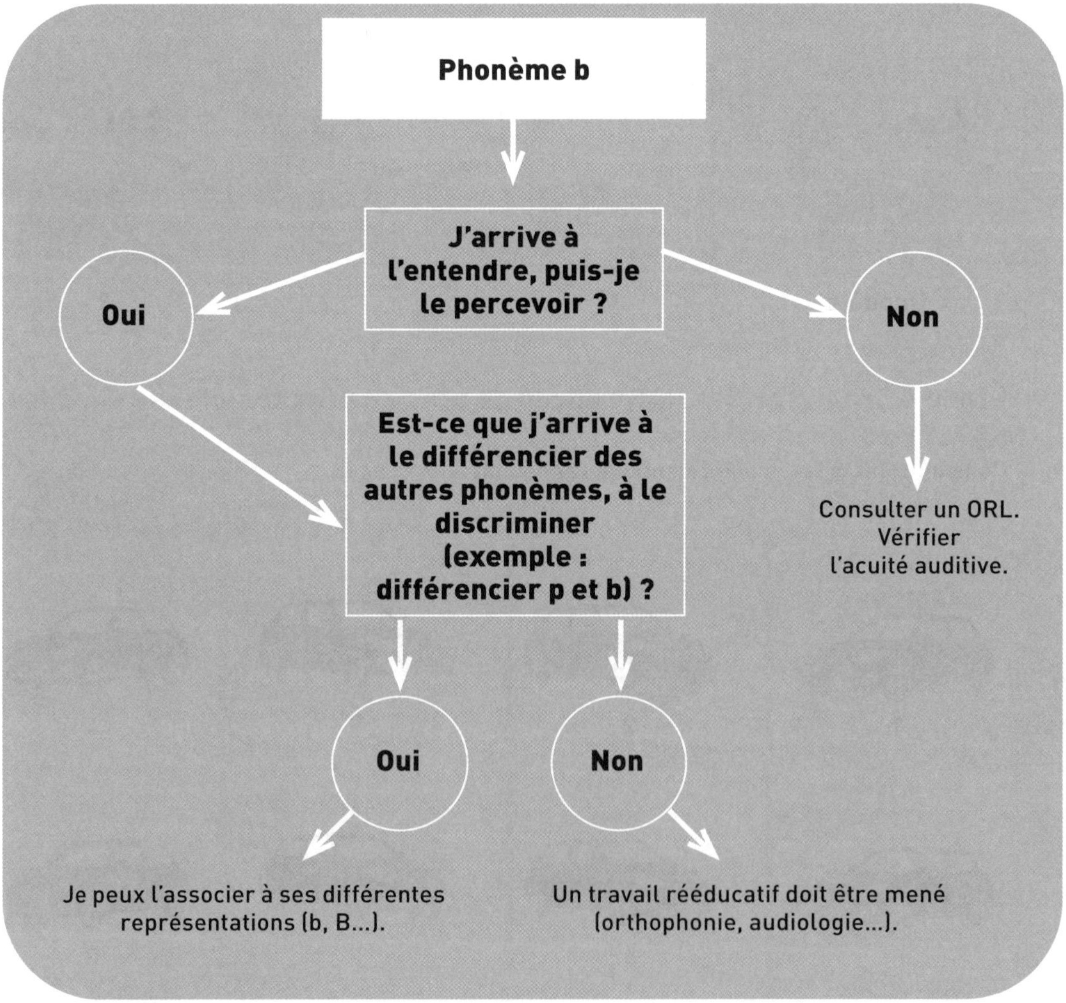

En résumé, les enfants doivent bien entendre, autrement dit, avoir une bonne acuité auditive, mais aussi savoir traiter l'information auditive. Par exemple, un élève qui ne perçoit pas la différence entre un p et un b sera fortement pénalisé dans la mise en place des fondations de la lecture. L'enfant doit pouvoir associer à un phonème perçu la, ou les, graphie(s) qui lui corresponde(nt), et inversement.

2. Les 5 habiletés du traitement de l'information auditive

La lecture, mais aussi la transcription écrite, mobilisent plusieurs compétences au niveau du traitement de l'information auditive.

Habileté auditive requise pour les activités écrites	Rôle	Que proposer ?
M / N **1. La discrimination auditive**	Différencier deux sons auditivement proches (exemple : m/n).	Penser à utiliser un code gestuel comme la méthode Borel-Maisonny pour soutenir visuellement la différence entre les sons. Cette méthode de lecture phonétique et visuelle vise à associer un geste à un son. La mémorisation et la différenciation des sons sont facilitées par le geste.
 **2. La séparation entre figure et fond, c'est-à-dire faire de l'écoute sélective (dans un mélange d'informations auditives, garder seulement ce qui est pertinent)**	Différencier les bruits (exemple : moteur de voiture) et les phonèmes (exemple : v).	Penser l'espace de la classe en essayant de réduire les sources de bruits inutiles.
 **3. La mémoire auditive**	Retenir un message auditif (exemples : chiffres, mots, phrases...).	Proposer des consignes orales courtes et simples.

 **4. Le décodage**	Comprendre un message auditif.	Ne pas hésiter à répéter plusieurs fois, et reformuler si besoin.
 **5. L'attention auditive**	Maintenir son attention le temps nécessaire à l'écoute du message auditif.	Dès que possible, accompagner les informations transmises oralement de supports visuels.

Ces 5 habiletés doivent opérer conjointement pour œuvrer à un bon traitement de l'information auditive.

3. Les signaux d'alerte

- Un élève qui semble avoir plus de mal à distinguer la parole dans un contexte bruyant.
- Des difficultés à se souvenir d'une demande orale.
- Un élève distrait lors des consignes.
- Un élève qui demande souvent de répéter les informations.
- Un élève qui se retourne vers les sources sonores (exemple : bruit dans la cour de récréation).
- De meilleures compétences en début qu'en fin de journée.
- Des confusions entre les sons qui se ressemblent (exemples : vague/bague, bain/pain…).
- Des difficultés à maintenir son attention le temps de réaliser une consigne orale.
- Des difficultés à suivre des directives longues ou complexes.
- Des difficultés avec l'abstraction.
- Une tendance à se décourager (car tout est plus long et plus fastidieux)

Remarque : les enfants dyslexiques présentent souvent des troubles du traitement auditif.

4. Le trouble du traitement auditif (TTA)

A. Qu'est-ce que c'est ?

Les enfants ayant un trouble du traitement auditif ne présentent pas de surdité. Ils entendent parfaitement bien, mais n'analysent pas correctement les sons de la langue. « Il y a donc un dysfonctionnement dans les zones du système auditif qui traitent et analysent les informations auditives. Cette problématique cause des difficultés à traiter, décoder, organiser, analyser et mémoriser l'information entendue. Dès lors, le trouble du traitement auditif peut limiter la compréhension de la parole dans le bruit, la localisation des sons et autres. » (d'après le site Polyclinique de l'oreille).

Ce trouble peut être héréditaire, acquis (à la suite d'un trauma par exemple), ou être dû à un problème de maturation du système auditif.

La musique comme remédiation aux troubles de l'apprentissage ?

Sur la base de diverses recherches, Michel Habib, neurologue et chercheur, ainsi que Céline Commeiras, orthophoniste, expliquent dans leur livre *Mélodys. Remédiation cognitivo-musicale des troubles de l'apprentissage* (éditions De Boeck) que « le "langage" musical et le langage verbal partagent des processus sous-jacents communs ». Pratiquer un entraînement régulier avec des exercices progressifs autour de thèmes acoustiques et musicaux pourrait solliciter l'attention auditive, la mémoire auditivo-verbale et permettre une meilleure perception de l'univers sonore. Ces divers points viendraient soutenir le développement de la lecture, voire aider à la remédiation de difficultés d'ordre DYS.

B. Enseignants, que pouvez-vous faire ?

• Réduire au maximum toutes les nuisances sonores de la classe (exemples : placer des patins sous les pieds des chaises, fermer les portes...).
• Donner des consignes courtes avec une seule information à traiter à la fois.
• Organiser des ateliers pour sensibiliser les enfants aux bruits environnants (*cf.* fiche pratique de ce chapitre p 23).
• Utiliser un maximum de supports visuels pour soutenir l'information auditive.
• Amener l'enfant à utiliser, de lui-même, des stratégies pour améliorer son écoute et son autonomie (exemples : lui apprendre à aménager son environnement sonore, à regarder la personne qui parle, à faire répéter...).
• Alterner les périodes d'effort soutenu et les périodes de repos.
• Lors des consignes en groupe, parler distinctement, en regardant les élèves (éviter de bouger ou de faire autre chose en même temps).
• Placer l'élève le plus près possible de vous.
• Utiliser des méthodes gestuelles et visuelles pour soutenir l'apprentissage de la lecture (exemple : méthode de Borel-Maisonny).

Cas pratique

Élisa, 6 ans, CP

Je vais voir Sophie depuis que je suis en maternelle. C'est mon orthophoniste. J'ai été la voir parce que je n'arrivais pas bien à parler. Tous les sons sortaient abîmés de ma bouche. Maintenant ça va mieux mais c'est toujours difficile d'entendre la différence entre certains sons. Mon orthophoniste m'a appris à mettre ma main sur ma gorge pour sentir la différence entre les t et les d mais je n'y arrive pas toujours. Ma maman dit que j'écris comme si j'étais enrhumée tout le temps. Cela me fait rire sauf pendant les dictées.

L'enseignant remarque :

- **Des confusions auditives entre les sons sourds (p/t/k/f/s/ch) et les sons sonores (b/d/g/v/z/j).**
- **Des oublis fréquents des consignes orales.**
- **Une grande fatigabilité avec de meilleures compétences en début plutôt qu'en fin de journée.**
- **Des résultats scolaires irréguliers.**
- **Des difficultés de compréhension selon les contextes.**

Les parents expliquent que :

- **Élisa a eu des difficultés de langage quand elle était petite. Elle n'était pas toujours comprise par les autres lorsqu'elle parlait.**
- **Élisa a encore du mal à différencier les sons proches quand elle parle. Elle peut donner le « piperon » à son petit frère ou aller prendre son « pain ».**

Que pourrait proposer l'enseignant ?

- **Mettre en place quelques aménagements proposés dans ce chapitre.**
- **Prendre contact avec l'orthophoniste qui suit Élisa pour travailler en collaboration.**

Fiche pratique

Comment aider mes élèves avec 5 ateliers du silence ?

Quel est l'objectif de cette fiche ?

Il s'agit de sensibiliser les enfants aux bruits environnants et de les aider à en prendre conscience. Apprendre à travailler dans le calme et développer son attention auditive, c'est aussi expérimenter le silence et apprendre à l'apprécier.

Durée : de 5 à 15 minutes maximum

Principe : pour tous les ateliers du silence, on propose aux enfants de :
- Fermer les yeux s'ils le souhaitent (ou de regarder vers le bas).
- Trouver une position confortable sur leur chaise (ou on peut leur demander de s'allonger dans la classe).
- Faire quelques respirations amples avec le ventre (on gonfle le ventre sur l'inspiration, on le rentre sur l'expiration).
- Essayer de se détendre au maximum.
- Se mettre en silence.

Atelier 1. Identifier et reconnaître des bruits (travaille également l'inhibition)

L'enseignant fait un léger bruit (exemples : taper sur le bureau, claquer des doigts, tapoter du pied). Les enfants doivent trouver quelle est l'origine du bruit sans le dire à voix haute. L'enseignant touche l'épaule d'un enfant qui donne alors la réponse. Les autres enfants doivent rester calmes.
Variante : faire de même, mais avec des instruments de musique (connus des enfants).

Atelier 2. Maintenir l'attention auditive

L'enseignant appelle les élèves un par un en chuchotant. Chaque élève appelé doit se mettre debout sans faire de bruit.

Atelier 3. Ressentir la vibration

L'enseignant fait tinter des clochettes ou un bol tibétain. Il propose aux enfants d'essayer d'entendre la vibration le plus longtemps possible. Les élèves lèvent la main quand ils n'entendent plus rien.

Atelier 4. Percevoir les bruits qui m'entourent

Pour cet atelier, l'enseignant propose aux enfants de s'allonger dans la classe (si besoin, on pousse les tables).
L'enseignant, une fois le silence bien établi, demande d'écouter les bruits qui sont le plus loin possible (exemple : dans la rue), puis il invite les enfants à écouter ceux de la pièce, puis ceux qui sont de plus en plus proches d'eux (le copain d'à côté), et enfin les bruits à l'intérieur de leur corps.

Atelier 5. Développer l'attention auditive et la détente corporelle

Pour cet atelier, l'enseignant propose aux enfants de s'allonger dans la classe (si besoin, on pousse les tables).
Enseignant, vous êtes un chef cuisinier. Les élèves sont des spaghettis. Travailler sur l'image de la pâte qui cuit progressivement et se ramollit. Les élèves doivent détendre toutes les parties de leur corps. L'enseignant passe et observe si les enfants sont bien détendus. Si c'est le cas, les spaghettis sont cuits ! La séance peut se terminer.

Rituel de fin : vous pouvez mettre en place un rituel de fin d'atelier du silence. Cela peut être une petite lecture, ou une grande respiration pendant laquelle chaque enfant se souhaite un bon retour au travail.
Dans le calme, vous pouvez expliquer aux enfants le programme qui va suivre et leur demander d'imaginer comment ils vont le réaliser et comment ils le rendront agréable.

Prérequis 3

La conscience phonologique

1. Comprendre et entraîner

Avant 3 ans, l'enfant traite les mots comme des blocs. Il n'a pas conscience qu'il existe des unités plus petites que le mot. Petit à petit, il perçoit les rimes, les syllabes et les phonèmes (les sons qui composent le mot).
Il est important de développer cette conscience phonologique, car la phonologie est l'une des clés de voûte du développement de la lecture. Plus l'enfant sera à l'aise avec la manipulation des sons, plus il développera facilement ses habiletés à déchiffrer et à mettre en place un code alphabétique stable et complet.
L'intervention précoce prend donc tout son sens. Il n'est cependant jamais trop tard pour renforcer les habiletés phonologiques et muscler la conscience phonologique, en travaillant sous forme de sessions d'entraînement courtes et régulières. C'est le fait de faire beaucoup et souvent qui permettra aux enfants de devenir compétents au niveau phonologique. La vitesse sera un marqueur d'évolution : plus l'enfant aura automatisé la compétence, plus il sera rapide.
→ **Le plus de l'enseignant :** l'idéal pour travailler la conscience phonologique est de réaliser un programme d'entraînement sous forme de session quotidienne de quelques minutes.

2. Les 4 habiletés phonologiques

Les apprentissages écrits reposent sur la pierre angulaire qu'est la conscience phonologique.

Habileté visuelle requise pour les activités écrites	**Rôle**	**Que proposer ?**
ballon **1. La conscience du mot**	C'est avoir conscience que les phrases parlées sont constituées de morceaux indépendants et signifiants : les mots.	• Utiliser le mime, les devinettes pour comprendre l'importance d'un mot. • Jouer à trouver d'autres mots, des synonymes, des contraires pour changer le sens des phrases par exemple.

 **2. La conscience syllabique**	C'est la conscience que les mots peuvent être découpés en morceaux, en syllabes. L'enfant doit pouvoir percevoir deux syllabes identiques (exemple : ma-man et ma-mie). Il doit également pouvoir découper les mots en syllabes (exemple : é/lé/phant).	• Jouer à découper les mots en syllabes (en faisant des parcours, en tapant dans les mains...). • Identifier des syllabes identiques (en début, en fin et en milieu de mot). • Jouer avec les syllabes (en les inversant, les enlevant, en en rajoutant...).
 **3. La conscience phonémique**	C'est la conscience des phonèmes à l'intérieur des mots. L'enfant doit pouvoir manipuler, identifier et différencier les phonèmes. La conscience phonémique est le pont avec l'écrit.	• Apprendre à identifier des phonèmes dans toutes les positions (début/milieu/fin de mot). • Jouer à manipuler les phonèmes (exemples : découper des mots, ajouter ou enlever des phonèmes...). • Faire de la catégorisation (exemple : trouver le plus de mots commençant par le son p).
 **4. La conscience rimique**	C'est la conscience des rimes, la capacité à percevoir que deux mots se terminent par le même phonème.	• Jouer à trouver des rimes avec les prénoms. • Jouer à trouver dans la classe des objets qui riment avec un son déterminé. • Écouter des comptines, des poésies...

3. Les signaux d'alerte

• Des difficultés de langage oral (articulation, confusion de sons...).
• Des confusions entre les sons (à l'oral).
• Un enfant qui ne perçoit pas toujours les mots dans les phrases ou les expressions (les prend comme des blocs).
• Des difficultés à découper les mots en syllabes/phonèmes.
• Un enfant qui n'entend pas les rimes.
• Des difficultés à manipuler les syllabes/phonèmes dans les mots.
• Des difficultés à identifier les phonèmes (même au début des mots).
• Des difficultés à différencier les sons proches.

4. De quoi avons-nous besoin pour apprendre à lire et à écrire ?

• **Des yeux compétents :** une vision efficace et une bonne prise d'indices visuels sont essentielles pour entrer dans le monde de l'écrit.
• **Des oreilles** qui entendent bien et **un cerveau** qui différencie bien les sons.
• **Des mémoires compétentes** (plusieurs types de mémoires qui interagissent).

Pour lire, il faut s'appuyer sur des compétences comme :

- **Le langage oral :** il est essentiel d'avoir une parole (articulation) et un langage (lexique et syntaxe) bien construits pour entrer dans le monde de l'écrit.
- **Des habiletés phonologiques précises et riches :** pour être capable de manipuler toutes les unités plus petites que le mot (syllabes, sons).
- **Un bon développement psychomoteur :** une conscience du corps, une motricité fine et globale harmonieuses.
- **De bonnes notions spatiotemporelles :** la lecture est un processus qui se déroule dans le temps et l'espace.
- **Une bonne capacité à reproduire un rythme.**
- **La connaissance du code alphabétique :** connaître le son que produit chaque lettre quand elle est isolée et bien connaître les graphies complexes.
- **De bonnes capacités d'attention et de concentration.**

Et enfin, sont indispensables :

- **La motivation.**
- **Une bonne estime de soi et de la confiance en ses capacités.**

Éléments nécessaires pour apprendre à lire et écrire

Bon développement psychomoteur

L'enfant est latéralisé.
Il se repère dans le temps et l'espace.
Il présente un développement moteur harmonieux.
Il a une bonne capacité à reproduire un rythme.

Bon développement du langage oral

L'enfant parle bien, articule bien, sait construire son langage et organiser son discours.
Il comprend bien.

Bon développement affectif et émotionnel

L'enfant présente une bonne estime de soi et a confiance en lui.

L'enfant entend et perçoit bien les sons

Bonne acuité auditive (contrôle ORL si besoin).
L'enfant différencie les sons entre eux (exemple : p/b.

L'enfant voit bien

Bonne acuité visuelle (contrôle ophtalmologique et orthoptique si besoin).

Une conscience phonologique musclée

L'enfant a conscience que les mots sont formés d'unités plus petites (syllabes et sons). Il peut les manipuler avec aisance.

Cas pratique

Adam, 5 ans, GS

Lorsque j'ai rencontré Adam, je suis tout de suite tombé sous le charme. Il avait de grands yeux rieurs dont il se servait beaucoup pour communiquer. En effet, je ne comprenais pas tout lorsqu'il parlait. Autant il se montrait à l'aise pour toutes les activités engageant le corps, autant pour les ateliers de prélecture il était très souvent en difficulté. J'ai essayé d'utiliser le corps pour entrer dans le monde des syllabes et là, petit à petit, Adam a fait des progrès.

L'enseignant remarque :

- **Des difficultés de langage oral.**
- **Un décalage entre ce qu'Adam comprend et ce qu'il exprime.**
- **Des difficultés à percevoir les phonèmes et à les identifier.**
- **L'utilisation du corps comme moyen pouvant soutenir dans les apprentissages.**
- **Des difficultés au niveau rimique, syllabique et phonémique.**

Les parents expliquent que :

- **Adam parle arabe à la maison et ses difficultés de langage sont les mêmes dans sa langue maternelle. Il peine à différencier et à prononcer certains sons, en français comme en arabe.**
- **Son grand frère est suivi par une orthophoniste qui a posé un diagnostic de dyslexie.**

Que pourrait proposer l'enseignant ?

- **Faire un bilan orthophonique.**
- **Pratiquer un entraînement quotidien des compétences phonologiques.**
- **Continuer de s'appuyer sur l'utilisation du corps dans les apprentissages.**
- **Écouter des comptines et des chansons.**
- **Faire un atelier d'éveil musical.**

Fiche pratique

Comment faire de l'entraînement phonologique **en 10 étapes ?**

Quel est l'objectif de cette fiche ?

L'objectif de cette fiche est de proposer des exercices ciblés suivant une progression précise pour travailler la conscience phonologique.

Réaliser un programme d'entraînement sous forme de sessions quotidiennes de quelques minutes permet de travailler la conscience phonologique. C'est important pour la développer et la « muscler ». Le fait de pratiquer « beaucoup et souvent » permettra aux enfants de devenir habiles et compétents au niveau phonologique.

Principe : en cercle avec un « totem », l'enseignant donne la consigne ainsi qu'un mot et celui qui a le totem donne la réponse.

Variantes :

• Depuis leur place les élèves interrogés répondent.

• Créer des binômes : deux par deux les élèves s'interrogent et se chronomètrent, l'enseignant passe d'un groupe à l'autre.

Il est important d'avancer en montant progressivement en complexité. Chaque étape et chaque sous-étape doivent être acquises avant de passer à la suivante.

Étape 1. Segmentation phonémique (de 2 à 7 phonèmes)

Consigne : découpe chaque mot en sons (phonèmes).

- Mots simples. Exemple : 2 phonèmes : *chou → ch/ou*
- Mots complexes. Exemple : avec 3 phonèmes : *plat → p/l/a*
- Non-mots simples. Exemple : avec 4 phonèmes : *toura → t/ou/r/a*
- Non-mots complexes. Exemple : avec 6 phonèmes : *izvalou → i/z/v/a /l/ou*

Étape 2. Fusion phonémique (de 2 à 7 phonèmes)

Consigne : écoute les sons (phonèmes) et recolle-les pour en faire un mot.

- Mots simples. Exemple : avec 2 phonèmes : *on/z → onze*
- Mots complexes. Exemple : avec 3 phonèmes : *g/r/u → grue*
- Non-mots simples. Exemple : avec 5 phonèmes : *l/a/v/i/n → lavine*
- Non-mots complexes. Exemple : avec 7 phonèmes : *p/l/i/t/o/r/f → plitorf*

Étape 3. Comptage phonémique

Consigne : dis-moi combien de sons il y a dans le mot.

- Mots simples. Exemple : *bureau → 4 sons*
- Mots complexes. Exemple : *praliné → 7 sons*
- Non-mots simples. Exemple : *balou → 4 sons*
- Non-mots complexes. Exemple : *klatoviv → 8 sons*

Étape 4. Dénomination phonémique (de 2 à 7 phonèmes)

Consigne : dis-moi quel est le son dont je te donne le numéro.

- Mots simples. Exemple : *le son n° 4 dans le mot chapeau → o*
- Mots complexes. Exemple : *le son n° 2 dans le mot culture → u*
- Non-mots simples. Exemple : *le son n° 3 dans le mot tulk → l*
- Non-mots complexes. Exemple : *le son n° 7 dans le mot ridujir → r*

Étape 5. Suppression phonémique en initial

Consigne : enlève le premier son et dis-moi ce qu'il reste.

- Mots simples. Exemple : *roulette → oulette*
- Mots complexes. Exemple : *trottinette → rottinette*
- Non-mots simples. Exemple : *moula → oula*
- Non-mots complexes. Exemple : *flutovi → lutovi*

Étape 6. Suppression phonémique en final

Consigne : enlève le dernier son et dis-moi ce qu'il reste.

- Mots simples. Exemple : *chameau → chame*
- Mots complexes. Exemple : *grognon → grogne*
- Non-mots simples. Exemple : *goulo → goule*
- Non-mots complexes. *Exemple : frimastin → frimaste*

Étape 7. Suppression phonémique en intermédiaire

Consigne : enlève le son dont je te donne le numéro et dis-moi ce qu'il reste.

- Mots simples. Exemple : *valise → 2 → vliz*
- Mots complexes. Exemple : *transport → 5 → transort*
- Non-mots simples. Exemple : *joulu → 2 → jlu*
- Non-mots complexes. Exemple : *trunomon → 5 → trunmon*

Étape 8. Ajout phonémique en initial

Consigne : ajoute le son donné en début de mot et dis-moi ce que cela donne.

- Mots simples. Exemple : *oiseau → v → voiseau*
- Mots complexes. Exemple : *archive → f → farchive*
- Non-mots simples. Exemple : *almi → t → talmi*
- Non-mots complexes. Exemple : *abrotchou → p → pabrotchou*

Étape 9. Ajout phonémique en final

Consigne : ajoute le son donné en fin de mot et dis-moi ce que cela donne.

- Mots simples. Exemple : *bocal → in → bocalin*
- Mots complexes. Exemple : *sardine → ou → sardinou*
- Non-mots simples. Exemple : *ritar → i → ritari*
- Non-mots complexes. Exemple : *brotch → on → brotchon*

Étape 10. Ajout phonémique en intermédiaire

Consigne : ajoute le son donné à l'endroit indiqué et dis-moi ce que cela donne.

- Mots simples. Exemple : *balade → r en 2 → bralade*
- Mots complexes. Exemple : *stylo → p en 4 → styplo*
- Non-mots simples. Exemple : *apomil → k en 3 → apkomil*
- Non-mots complexes. Exemple : *polmon → d en 4 → poldmon*

CHAPITRE 1

La dyslexie

Trouble spécifique de la lecture

1 Comprendre la dyslexie 31

1. Comment apprend-on à lire ? 33
2. Qu'est-ce que la dyslexie ? 34
3. Dyslexie ou difficultés d'apprentissage ? 35
4. Les signaux d'alerte 37
5. Les parents observent 37

2 La dyslexie en classe 38

1. Exemples de difficultés en classe : comment réagir ? 38
2. Enseignants, que pouvez-vous faire ? 39
3. Vers quel professionnel orienter son élève ? 40

Cas pratique 41

Fiche pratique 42

Regards croisés : zoom sur... l'orthophonie 44

NOPQ
DEFGH
NOPQ

1

Comprendre la dyslexie

1. Comment apprend-on à lire ?

L'apprentissage de la lecture est un processus, autrement dit un parcours avec des étapes. Une sorte d'escalier où l'enfant va monter progressivement en puissance. Lorsque le parcours est bien balisé et si l'enfant est bien équipé pour faire l'ascension, il va pouvoir devenir un lecteur agile et autonome.
Lire est un apprentissage récent dans l'histoire de l'Humanité. Le cerveau de l'humain n'est pas pré-câblé pour cela. Il existe des zones cérébrales dédiées au langage, il n'en existe pas pour la lecture. En d'autres termes, l'enfant apprendra à parler simplement en évoluant dans un bain de langage, *a contrario* il ne pourra pas acceder à la lecture sans apprentissage.

!

Plasticité cérébrale

**Mécanisme selon lequel notre cerveau va se modifier avec l'expérience.
Le cerveau va se modeler selon notre vécu. Une personne qui apprend à lire, va donc voir son cerveau se façonner, s'adapter à ce nouvel apprentissage.**

A. La théorie du « recyclage neuronale »

Grâce à la plasticité cérébrale (voir encart ci-contre), l'enfant va réutiliser certaines aires de son cerveau pour réussir à apprendre à lire. Stanislas Dehaene, dans son livre *Apprendre à lire : des sciences cogntives à la salle de classe* (éditions Odile Jacob), parle de « recyclage neuronale ».
En l'occurrence, c'est une partie de l'aire cérébrale visuelle initialement dédiée à la reconnaissance des visages et des objets qui va être réorientée vers le traitement des lettres et de leurs combinaisons. Plus on devient un lecteur expert plus la région de la « forme visuelle des mots » autrement appelée « boîte aux lettres du cerveau » va se spécialiser.

B. Deux voies de lecture

On parle de deux voies de lecture. La voie indirecte qui est celle du décodage/déchiffrage et la voie directe qui est celle de la reconnaissance globale d'un mot.
C'est en entraînant le déchiffrage (la voie directe) que l'on va donner naissance à la « boîte aux lettres » sorte de « dictionnaire de mots connus ». Des connexions vont se créer et se renforcer entre les aires cérébrales visuelles et les aires du langage.
Quand nous lisons par adressage (voie indirecte) nous voyons le mot, nous le reconnaissons et nous accédons au sens de celui-ci. Ce mécanisme va lier les aires visuelles à celles de la sémantique (le sens). Les deux voies de lecture se soutiennent et coopèrent tout au long de notre vie de lecteur.

QUESTION D'ENSEIGNANT

Faut-il faire lire les enfants à haute voix ?

La lecture à haute voix est un exercice à part entière. Elle est importante et doit être pratiquée en classe. Elle a l'avantage de pouvoir permettre à l'adulte de contrôler la qualité du décodage et la fluidité en lecture.

Cependant, elle peut mettre l'enfant en surcharge cognitive et l'empêcher d'accéder à la compréhension de ce qu'il lit. N'oublions pas que la lecture à vocation d'être silencieuse.

En résumé, si vous souhaitez évaluer la compréhension, il est préférable de demander à l'élève s'il souhaite lire à voix haute ou non. Sinon, garder en tête qu'il s'agit d'estimer avant tout la qualité de la mécanique de la lecture.

C. Deux notions à retenir

Si l'enfant n'est pas « équipé » pour apprendre à lire c'est-à-dire s'il n'a pas les prérequis nécessaires (par exemple : entendre, percevoir et discriminer les sons correctement), peu importe la méthode proposée, il risque de montrer des signes de souffrance.
Attention à la confusion entre lecture globale et directe : développer les représentations visuelles des mots dans son cerveau ne veut pas dire lire de manière globale. L'entraînement en lecture par reconnaissance globale sollicite majoritairement l'hémisphère droit et favorise les confusions visuelles. La méthode n'est pas économique car elle demande une mémorisation bien trop conséquente des mots. Cette approche de la lecture a été totalement abandonnée, et à juste titre.

2. Qu'est-ce que la dyslexie ?

Si aucune théorie explicative n'a encore obtenu l'unanimité sur le sujet, les neuroscientifiques s'accordent pour parler d'un trouble neurodéveloppemental, c'est-à-dire que les difficultés d'origine neurologique se manifestent pendant le développement de l'enfant.
Actuellement, on s'oriente vers l'idée que les personnes dyslexiques souffriraient d'un dysfonctionnement de la connectique cérébrale, c'est-à-dire des connexions entre les différentes aires cérébrales. Michel Habib parle « d'atypies des systèmes cognitifs cérébraux » qui entravent durablement les apprentissages.
Nous avons vu plus haut qu'en apprenant à lire, tout un réseau de connexions se créer et se renforce entre les différentes aires cérébrales du cerveau. Chez les personnes dyslexiques les connexions entre les aires du langage, visuelles et motrices seraient incomplètes du fait « d'atypies cérébrales ». Ces enfants n'accèdent donc pas à « une lecture fluide et efficace en dépit d'entraînements répétés » comme lexplique Michèle Mazeau, médecin spécialisée dans les troubles de l'apprentissage.
→ **Le plus de l'enseignant :** penser à proposer une approche multimodale aux apprentissages écrits. C'est-à-dire à associer les canaux (visuel, auditif et kinesthésique) pour apprendre les graphies en lecture par exemple. L'utilisation du corps est souvent mise en annexe alors qu'elle est tout aussi essentielle que la vue ou l'audition.
En résumé : la dyslexie aurait donc pour origine une atypie cérébrale développementale qui entraînerait des troubles cognitifs divers (exemple : trouble visuo-attentionnel) qui se répercuteraient au niveau des apprentissages (exemple : grande pénibilité en lecture).
Cette particularité touche 5 à 6 % des élèves. Actuellement, la dyslexie est reconnue comme un trouble spécifique des apprentissages.

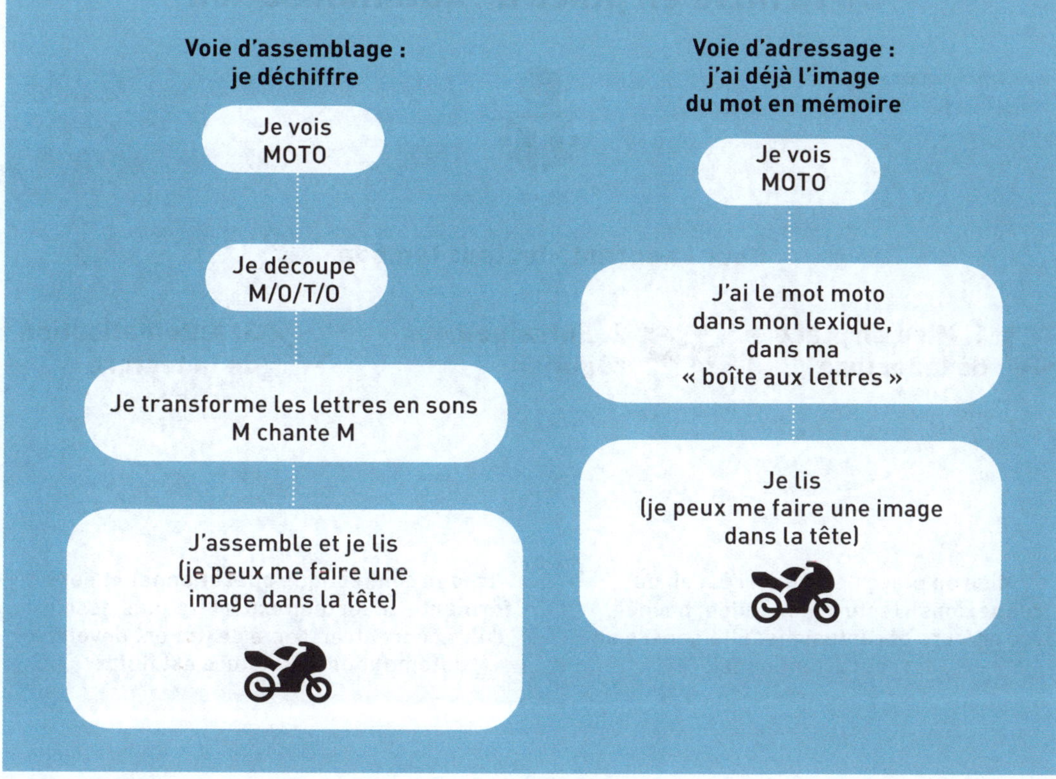

Les deux voies de la lecture

Les personnes dyslexiques présentent :

- Un bon niveau intellectuel.
- Un environnement affectif, social et culturel non carencé.
- Une absence de trouble sensoriel, perceptif ou psychique.
- Aucune lésion neurologique.
- À noter que la dyslexie est un trouble durable dont on ne guérit pas mais que l'on peut apprendre à compenser.

3. Dyslexie ou difficultés d'apprentissage ?

Entre un élève présentant des difficultés scolaires et un élève dyslexique, les manifestations en classe sont sensiblement les mêmes. Dans les deux cas l'enfant n'entre pas dans les apprentissages.

C'est réellement l'écart avec la norme qui continue de se creuser avec le temps, et ce malgré les aides proposées, qui va être le plus grand indicateur de dyslexie.

Néanmoins, il existe des marqueurs de dyslexie qu'il est possible d'aller interroger *via* des bilans thérapeutiques précis. Face à des élèves pour lesquels vous vous posez des questions, il convient de ne pas attendre et de les orienter chez des spécialistes qui proposeront les bilans nécessaires.

Nous retiendrons donc qu'il n'existe pas d''erreurs typiques de l'élève dyslexique mais que c'est la persistance et la fréquence qui sont notables.

De la mise en place à l'automatisation

Pour l'apprenti-lecteur lambda

1. Mise en place de la lecture → **2. Entraînement régulier** → **3. Automatisation de la lecture**

Étape 1

Mise en place de tout un réseau de connexions : lecture non fluide, hachée, avec erreurs et confusions. Elle génère un fort coût attentionnel.

Étape 2

Réseau connectique opérationnel et performant : le lecteur expert n'a plus besoin de se concentrer, l'acte de lire est devenu automatique. La lecture est fluide.

Pour l'apprenti-lecteur dyslexique

1. Mise en place de la lecture → **2. Entraînement régulier** → **3. Pas d'automatisation de la lecture**

Étape 1

Mise en place de la connectique : lecture non fluide, hachée, coût attentionnel fort

Étape 2

Défaut de connectique : la lecture ne se fluidifie pas, elle mobilise toujours beaucoup d'attention et de concentration. L'acte de lire reste coûteux et fatigant.

4. Les signaux d'alerte

• Mémoire de travail défaillante (exemples : difficulté de mémorisation des tables de multiplication, consigne longue parfois difficile à comprendre...).
• Difficultés de conscience phonologique (exemples : découpage en son, analyse des phonèmes dans un mots, confusions, correspondance grapho-phonémique compliquée...) de décodage des mots nouveaux,
• Lenteur excessive dès qu'il y a des tâches écrites.
• Meilleures performances à l'oral qu'à l'écrit.
• Difficultés à se repérer dans le temps.
• Désorganisation globale.
• Fatigabilité.
• Longueur des devoirs qui sont souvent source de conflits.
• Manque d'estime de soi et de confiance.
• Confusion entre la droite et la gauche.
• Confusions visuelle ou auditive des lettres proches (b/d, p/t...).
• Orthographe très défaillante.

5. Les parents observent

• Un enfant souvent dans la lune.
• Un imaginaire très développé.
• Des routines quotidiennes qui peinent à s'automatiser (s'habiller, se brosser les dents...).
• Des oublis fréquents.
• Un enfant qui n'aime pas lire lui-même mais aime qu'on lui lise des histoires.
• Des devoirs longs et pénibles.
• Une fatigabilité.
• Une grande créativité.
• Une sensibilité forte.
• Un grand sens de l'observation.

2

La dyslexie en classe

Le diagnostic de dyslexie est posé par des spécialistes à la suite de bilans spécifiques. L'enseignant n'est nullement responsable, ni habilité à faire cela, mais il reste au premier rang pour observer des difficultés.
Il faut savoir qu'un élève dyslexique éprouve de l'embarras dès l'entrée dans le langage écrit. S'il est important de laisser l'enfant entrer pleinement dans la lecture, il est possible d'observer des signes assez précocement. C'est la persistance des difficultés et l'écart avec la norme qui avèrent d'un trouble (vers le milieu de l'élémentaire).
La dyslexie présente donc des signes avant-coureurs que l'enseignant peut observer dès la maternelle puis en élémentaire. Il est alors tout à fait possible de proposer des activités qui viendront soutenir l'élève dans son cursus scolaire et l'aideront à entrer plus facilement dans les apprentissages écrits.

1. Exemples de difficultés en classe : comment réagir ?

A. En maternelle

L'élève présente des difficultés à :	Que proposer ?
Jouer avec les sons. Exemples : découper les mots en syllabes, trouver des rimes, identifier des sons en initial des mots...	Impliquez le corps dans les activités de phonologie. Exemples : faites sauter les élèves dans des cerceaux pour découper les mots en syllabes...
Jouer avec les lettres. Exemples : reconnaître les lettres, savoir comment elles s'appellent, comment elles chantent...	Utilisez des lettres tactiles pour en faciliter la mémorisation. Préférez apprendre le son des lettres plutôt que leur nom.
Faire des jeux de discrimination visuelle. Exemples : trouver les différences entre deux images, identifier deux photos identiques.	N'hésitez pas à entraîner cette compétence le plus régulièrement possible durant les années de maternelle, c'est un travail préparatoire essentiel aux apprentissages écrits.

Faire des jeux de mémoire auditive. Exemples : retenir une comptine, une chanson, des mots complexes...	Mimez les chansons, les illustrer ou utilisez des marionnettes par exemple.

B. **En élémentaire**

L'élève présente des difficultés à :	Que proposer ?
Lire. C'est le nœud du problème. La lecture est lente, hachée et ne s'améliore pas ou peu malgré l'entraînement ou reste une source de grande fatigue.	Proposez des livres audios par exemple pour donner le goût de lire à l'élève. Un entraînement régulier en lecture de minimum 10 minutes par jour. Des livres adaptés DYS.
Noter les devoirs. On remarque de nombreux oublis, une écriture brouillonne, un manque d'organisation.	Vérifiez ou faites vérifier l'écriture des devoirs par un camarade. Si l'élève est en grande difficulté lui donner les devoirs écrits à coller dans son cahier.
Faire un écrit spontané. L'élève dyslexique a souvent beaucoup d'imagination mais peut peiner à la cadrer. Il abonde d'idées mais ne sait pas toujours les hiérarchiser et les organiser. Il réalise souvent des associations d'idées et peut perdre le fil de sa pensée.	Établir un guide d'écriture avec des questions auxquels il doit répondre : Où ? Qui ? Quoi ? Comment ?

2. Enseignants, que pouvez-vous faire ?

- Valoriser les compétences de votre élève, souligner ses atouts.
- Créer des partenariats où l'élève pourra tantôt être l'aidé tantôt être l'aidant.
- Adapter les objectifs pour qu'ils ne soient ni trop ambitieux, ni trop faibles (restons dans sa zone proximale de développement).
- Avec l'accord de votre élève, expliquez ses difficultés aux autres enfants simplement. Cela peut faire l'objet d'un échange autour de la dyslexie et de manière plus générale sur la différence.
- Proposer des sessions de travail plutôt courtes en alternant avec des moments de pauses.

3. Vers quels professionnels orienter son élève ?

Les spécialistes chacun dans leur domaine possèdent des outils normés qui vont permettre de situer l'enfant par rapport à une norme et d'évaluer le fonctionnement de l'enfant (d'un point de vue cognitif, émotionnelle, corporel, langagier...) L'interprétation des résultats par le spécialiste va permettre de poser des hypothèses et d'aider à la pose d'un diagnostic.

Le pédiatre ou le médecin scolaire : il est toujours bon de renvoyer les parents auprès du médecin traitant de leur enfant, qui reste le coordinateur principal. Il est aussi possible de prendre rendez-vous auprès du médecin scolaire qui connaît bien les démarches à effectuer et pourra être à même d'accompagner les parents dans le parcours diagnostic.

L'orthophoniste : il pourra faire un bilan de langage oral et écrit complet (sur prescription médicale), poser des hypothèses diagnostiques, proposer un suivi thérapeutique et se mettre en lien avec l'école pour collaborer avec celle-ci.

Le psychologue et/ou neuropsychologue : il pourra évaluer l'efficience intellectuelle et mettre en évidence l'hétérogénéité ou l'homogénéité des fonctions cognitives. C'est-à-dire d'évaluer les processus sous-jacents aux tâches que l'on réalise. Il participe au diagnostic différentiel (est-on dans un cas de dyslexie ou autre ?). Le psychologue pourra également évaluer l'impact émotionnel des difficultés scolaires sur l'affect de l'enfant.

Au cas par cas :
L'orthoptiste : il pourra établir un bilan en neurovision (*cf.* Prérequis 1. L'importance du « bien voir » page 11).

Le psychomotricien : il pourra réaliser un bilan moteur et évaluer les capacités spatio-temporelles souvent déficitaires chez l'enfant dyslexique.

L'ergothérapeute : il viendra soutenir l'enfant au niveau organisationnel et dans la mise en place de moyens de compensation informatiques.

QUESTION D'ENSEIGNANT

Un enfant qui parle mal en maternelle aura-t-il forcément des difficultés pour apprendre à lire ?

La réponse est non. Dans certains cas, c'est une question de maturité. Cela se met en place avec le temps.

Néanmoins un enfant qui :

- simplifie les mots quand il parle (ex : bibon pour biberon) ;
- les modifie (exemple : tyjma/pyjama, botogan/toboggan) ;
- peine à retenir les prénoms ou les nouveaux termes ;
- semble souvent chercher ses mots.

Doit être un enfant qui vous alerte !

Au moindre doute, pensez à orienter les parents vers un orthophoniste.

Cas pratique

Esmeralda, 8 ans

Tous les soirs je dois lire, le samedi matin ma mère me fait travailler en plus des devoirs. Avant j'avais envie d'essayer de lire mais maintenant j'ai juste envie de trouver des solutions pour éviter de lire. Je demande à ma voisine de classe discrètement, à ma sœur qui lit mieux que moi alors qu'on est jumelle… Je sais bien que je dois être bête. Y'a rien qui reste dans ma tête.

L'enseignant remarque :

- **Une lecture de texte lente.**
- **Une lecture de mots très fastidieuse (beaucoup d'erreurs, de confusions de sons, d'inversions…).**
- **Une tendance à deviner la fin des mots.**
- **Des difficultés pour retenir les tables de multiplication.**
- **Une compréhension écrite très aléatoire.**
- **Une baisse de l'estime d'elle-même.**

Les parents expliquent que :

- **Les devoirs sont longs et source de tensions.**
- **Ils se sentent impuissants face aux difficultés de leur fille.**
- **Ils ont l'impression que leur fille oublie ce qui a été appris.**
- **Esmeralda est volontaire et motivée mais ils la sentent de plus en plus découragée.**
- **Ils sont inquiets et ne savent pas quoi faire pour l'aider.**

Que pourrait proposer l'enseignant ?

- **Une rencontre avec les parents et un rendez-vous chez le médecin scolaire (ou traitant).**
- **Un bilan orthophonique : pour faire un bilan de langage complet.**
- **Un bilan psychométrique chez le psychologue ou le neuropsychologue : pour évaluer le profil cognitif d'Esmeralda.**
- **Mettre en place quelques aménagements en classe pour la soutenir (*cf.* fiche pratique : « comment aider mon élève dyslexique en 6 étapes ? » page suivante).**

Fiche pratique

Comment aider mon élève dyslexique en 6 étapes ?

Quel est l'objectif de cette fiche ?

Soutenir la démarche réflexive autour du « comment soutenir mon élève dyslexique en classe ? ».

En effet, il faut faire attention aux listes d'adaptations/aménagements toutes faites.
Il convient de prendre ces recommandations générales avec du recul. Seul le partage des regards avec les professionnels engagés dans la situation permettra d'avoir une aide ciblée, précise et complétement adaptée à l'élève.

Néanmoins, il existe quelques mesures clés qui peuvent déjà être mises en place.

Étape 1. Aménager ma classe

- Réduire les sources sonores inutiles (exemple : mettre des patins sous les pieds des chaises).
- Sensibiliser les enfants à l'importance du « travailler dans le calme ».
- Proposer des stylos effaçables.
- Avoir des guides lignes pour la lecture.
- Mettre en place des classeurs de référence avec les leçons disponibles et consultables pour tous.
- Alterner deux couleurs sur les lignes du tableau s'il y en a.
- Adopter un code couleur pour chaque matière.

Étape 2. Aménager l'environnement de mon élève

- Choisir avec l'élève sa place en classe (exemple : plus près de l'enseignant pour pouvoir poser ses questions plus discrètement).
- L'aider à organiser son pupitre et ses affaires (exemple : coller des pictogrammes avec l'endroit des cahiers, des livres, etc.).
- Lui laisser un temps d'organisation en classe.
- Lui laisser ses fiches résumées ou autres supports (exemple : les règles d'orthographe simplifiées).
- Créer un lieu de retour au calme pour se reposer entre les sessions de travail (exemple : coin avec des oreillers).
- Fabriquer des sous-mains avec les notions-clés à connaître (des mémos en mathématiques, français, règles de vie de la classe, etc.).

Étape 3. Adapter le travail proposé mon élève

- Proposer les leçons à l'avance sur clé USB ou photocopiées (qu'il puisse avoir une visibilité plus importante et plus de temps de préparation).
- Proposer l'utilisation de l'ordinateur dès que possible.
- Mettre en couleurs les syllabes pour faciliter la lecture (cette méthode facilite la prise d'indice visuelle).
- Proposer des contrats de réussite à l'élève. Évaluez-le sur de petits objectifs et de courtes durées (afin qu'il se voie progresser).
- Passer vers l'élève pour s'assurer de la compréhension des consignes.
- Simplifier au maximum les textes (exemple : choisir un vocabulaire simple).

Étape 4. Penser ses leçons pour tous les élèves

- Utiliser une police à bâton (faible empâtement) de type Verdana, Arial ou Tahoma ou encore Open-Dyslexic (téléchargeable gratuitement).
- Penser les apprentissages de manière multimodale (visuel – auditif – kinésthésique).
- Simplifier les consignes (une seule tâche à réaliser par consigne).
- Garder à l'esprit que l'élève dyslexique ne pourra pas écrire et écouter en même temps.
- Essayer d'équilibrer les travaux oraux et écrits (une fois sur deux si possible).
- Préférer compter les mots écrits justes plutôt que les fautes dans les dictées.
- Souligner toutes les réussites.

Étape 5. Adapter/aménager ses évaluations

- Offrir plus de temps (on parle de 1/3 temps supplémentaire).
- Évaluer avec des QCM, avec des dictées (à trous si besoin).
- Segmenter les évaluations (exemple : pour un contrôle d'une heure, proposer deux fois 30 minutes).
- Réaliser les tests de préférence le matin.
- Faire reformuler la consigne.
- Ne pas exiger du « par cœur ». Si le sens est préservé, acceptez les modifications de formes (exemple : la/une).
- Proposer un support écrit ou visuel aux consignes données oralement.

Étape 6. Créer du lien et communiquer

- Prendre du temps avec l'élève pour écouter sa plainte (est-ce qu'il a conscience de ses difficultés, a-t-il besoin d'en parler ? ou l'inverse ?).
- Prendre rendez-vous avec les parents, les écouter et leur faire part de vos observations régulièrement.
- Mettre en place une équipe éducative si besoin.

Regards croisés
Zoom sur... l'orthophonie

1. Qu'est-ce que l'orthophonie (ou la logopédie) ?

L'orthophonie est un métier où l'on se spécialise dans le développement de la communication, de la voix et du langage (oral et écrit). Il a pour objectif d'aider la personne en difficulté à trouver ou retrouver les ressources nécessaires pour pouvoir communiquer de manière autonome à l'oral et/ou à l'écrit.

2. Pourquoi envisager l'orthophonie pour l'élève dyslexique ?

L'orthophonie est la thérapie de référence en matière de dyslexie. Elle propose à l'enfant un suivi spécifique et adapté à ses difficultés.
Selon les troubles associés, il est indiqué de proposer d'autres thérapies qui pourront s'allier à la rééducation orthophonique pour aider l'élève dyslexique dans son parcours.

3. Le bilan orthophonique (sur prescription médicale)

Le bilan orthophonique se réalise en plusieurs étapes.

Étape 1 : le premier entretien
L'orthophoniste réalise une anamnèse. Il réunit un maximum d'informations sur le vécu de l'enfant depuis la grossesse jusqu'à ce jour. Ces données précieuses permettent d'avoir une vision plus globale de l'enfant, de son développement, de se poser des questions, de faire des liens et/ou d'envisager des examens complémentaires par exemple.

Étape 2 : l'évaluation orthophonique (*cf.* infographie page suivante)
L'orthophoniste va réaliser un bilan normé. C'est-à-dire qu'il va faire passer des tests à l'enfant pour le situer par rapport à une norme. Cette évaluation va avoir de nombreuses fonctions comme de savoir si un suivi orthophonique est nécessaire. Si oui, le résultat des tests va mettre en lumière les forces et les faiblesses de l'enfant et servira de base à l'élaboration d'un plan thérapeutique précis. Ces premiers résultats serviront également de ligne de base à la rééducation et permettront, plus tard, de savoir objectivement si l'élève a progressé.

Étape 3 : le retour de bilan
L'orthophoniste va rédiger un rapport qu'il enverra au médecin traitant. Il peut le donner également aux parents. Ce document est placé sous le secret médical. Il ne peut le communiquer à l'école. Il est invité cependant, avec l'accord des parents, à en faire un retour oral à l'enseignant.
L'orthophoniste va expliquer à l'enfant et aux parents ses observations, les résultats des tests et, ensemble, ils pourront discuter de la suite à donner.

L'évaluation orthophonique

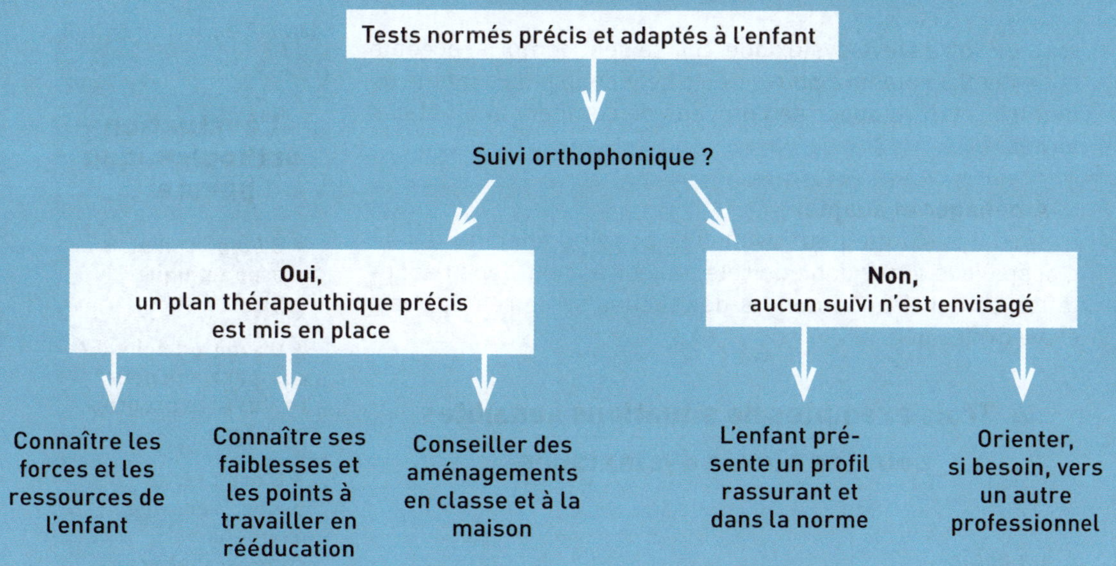

4. La rééducation ou remédiation

L'orthophoniste propose une rééducation spécifique qu'il va adapter en fonction de l'enfant et des résultats de son bilan jumelés à ses observations.
Les séances sont donc ciblées sur des objectifs précis bien indépendamment de ce qui est fait à l'école. Il ne s'agit en aucun cas de soutien scolaire, l'intervention est thérapeutique et non pédagogique.
La qualité de l'intervention repose sur l'implication de chacun. En France, les séances orthophoniques sont remboursées à 60 % par la Caisse d'assurance maladie et à 40 % par les mutuelles.
L'orthophoniste est le spécialiste reconnu en cas de dyslexie. Il est donc essentiel qu'il puisse se placer en tant que personne ressource pour l'enfant, les parents, les enseignants ainsi que les éventuels autres spécialistes.

5. Enseignants, que pouvez-vous faire avec un élève dyslexique ?

A. Observer

Mieux connaître la dyslexie permet de mieux l'appréhender et de savoir alerter au bon moment. Pouvoir avoir des arguments pour prévenir l'entourage de l'enfant et proposer de réaliser des bilans de manière précoce.

B. Accompagner

En tant que spécialiste pédagogique, vous êtes la référence à l'école. Votre accompagnement s'il est bienveillant, encourageant et valorisant, peut faire toute la différence dans le vécu de votre élève dyslexique. S'il se sent compris, accepté et soutenu, l'enfant va pouvoir être beaucoup plus à même de montrer et développer ses moyens de compensation et ses forces.

C. Aménager et adapter
L'élève dyslexique peut avoir des besoins spécifiques en classe. Vous aurez donc un rôle majeur à jouer dans l'adaptation de l'environnement et des tâches scolaires de votre élève dyslexique.

!

L'évaluation orthophonique permet :

- **D'établir un plan thérapeuthique précis.**
- **D'avoir un point de comparaison pour évaluer les progrès plus tard.**
- **D'orienter, si besoin, vers des examens complémentaires.**

6. Trois exemples de situations sensibles pour les élèves dyslexiques

A. La copie
Elle est rarement, voire jamais, efficace pour l'élève dyslexique. Lors de la copie, il fera de nombreuses fautes qu'il ne verra pas (il ne les corrigera pas et donc aura des fautes dans ses leçons ou ses devoirs). De plus, l'acte de la copie étant pour lui tellement lourd, il ne comprendra pas ce qu'il écrit et cela l'épuisera. La copie est un acte inutile, lourd, fatigant et contre-productif pour l'élève dyslexique.
→ **Le plus de l'enseignant :** fournir des copies des leçons avant les cours (soit sur papier soit sur support informatique), accepter que l'élève prenne une photo du tableau ou mettre en place des binômes.

B. La lecture à voix haute
Lire devant tout le monde peut être extrêmement embarrassant et complexant pour l'élève dyslexique. Sans l'exclure des activités de lecture à haute voix, il s'agit de prendre en considération ses difficultés et sa sensibilité.
→ **Le plus de l'enseignant :** toujours proposer plutôt que d'imposer la lecture à voix haute, proposer de préparer le passage à lire à la maison, ne faire lire que quelques lignes.

C. Les contrôles/tests/interrogations/évaluations
Comme tout élève, l'enfant dyslexique va être soumis au stress durant un contrôle. Ajouter à cela, il va devoir gérer la lecture des consignes. Cet acte, très coûteux, va lui demander de l'énergie, du temps et générer beaucoup de fatigue.
→ **Le plus de l'enseignant :** Offrir un 1/3 temps supplémentaire, découper les évaluations en plusieurs parties, préférer faire les tests le matin, proposer les contrôles sur ordinateur (consignes lues par synthèse vocale), interrogations réalisées dans une salle annexe avec une personne pour lire les consignes et s'assurer de leur compréhension.

CHAPITRE 2

La dysorthographie
Trouble spécifique de l'orthographe

❶ Comprendre la dysorthographie **49**

1. Le trépied du langage écrit 49
2. Qu'est-ce que la dysorthographie ? 50
3. Les signaux d'alerte 52
4. Les parents observent 52

❷ La dysorthographie en classe **53**

1. Exemples de difficultés en classe : comment réagir ? 53
2. Enseignants, que pouvez-vous faire ? 54
3. Vers quel professionnel orienter son élève ? 55

Cas pratique 56

Fiche pratique 58

Regards croisés : zoom sur… l'orthoptie 61

1

Comprendre la dysorthographie

1. Le trépied du langage écrit

La dysorthographie est innée mais les difficultés se révèlent lors des apprentissages. Ainsi, l'assimilation de l'orthographe est très complexe pour les personnes ayant un trouble spécifique de l'apprentissage.
Pour l'élève dysorthographique, on relève notamment des difficultés au niveau visuo-attentionnel et phonologique.
Or, le développement du langage écrit repose sur un trépied, constitué de 3 piliers : la phonologie (maîtriser les sons de la langue), les capacités visuo-attentionnelles (voir juste et précisément) et le système sémantique (comprendre la langue).

A. Pilier n° 1 : la phonologie (maîtriser les sons de la langue)

Elle permet entre autres de :
• Différencier les sons proches (exemple : bain/pain).
• Entendre un mot et analyser les sons qui le compose (exemple : bateau : b/a/t/o).
• Manipuler les unités plus petites que le mot (exemple : trouver une rime, parler en verlan…).
• Produire des sons (exemple : j'entends le mot orchestre, je peux le répéter).
• Traiter les sons du langage (exemple : je sais dire si un mot existe ou non).

→ Le plus de l'enseignant : un entraînement de la phonologie (*cf.* fiche pratique page 58) consolide les bases de la lecture mais aussi de l'orthographe.

B. Pilier n° 2 : les capacités visuo-attentionnelles (voir juste et précisément)

Elles permettent entre autres de :
• Recevoir une information visuelle.
• Retenir l'information le temps de la traiter.
• Mettre en lien l'information avec des connaissances préexistantes (la « boîte aux lettres » de notre cerveau).

!

Pour une bonne prise d'indices visuels, il faut :

• Des capacités oculomotrices efficaces (mouvements qui dirigent les yeux).

• Un empan visuel (nombre de lettres visibles en une seule fixation) suffisant (exemple : un élève qui doit relever la tête entre chaque lettre pour recopier un mot du tableau présente un faible empan visuel, sa fenêtre visuo-attentionnelle doit être élargie).

• Une vision sûre (capacité à voir de près et de loin, ou correction par des lunettes si besoin).

• Stocker et mémoriser cette information.
• Enrichir son lexique orthographique interne.
→ **Le plus de l'enseignant :** réaliser des dictées flash (l'enseignant écrit un mot au tableau, les élèves le regardent autant que besoin puis l'enseignant efface le mot et le dicte aux enfants).

C. Pilier n° 3 : un système sémantique (comprendre la langue)

Il permet entre autres de :
• Développer des images mentales (comprendre, c'est voir dans sa tête).
• Comparer et lier les informations entre elles (exemple : réaliser des accords, si le nom est au pluriel, l'adjectif qui s'y rapporte le sera également).
• Analyser les situations et leur donner du sens (exemple : dans l'orthographe, réaliser des analogies entre les mots).
• Traiter les différences et les points communs, ce qui nous permet d'opérer des catégorisations (exemple : catégories grammaticales).
• Mettre les informations en perspective et donner du sens (exemple : comprendre ce que l'on écrit et pouvoir se relire).
→ **Le plus de l'enseignant :** entraîner l'enfant à réfléchir sur ses productions écrites et à comprendre les liens de sens entre les mots.

Il existe des interactions constantes entre ces trois piliers fondateurs de l'écrit. Ils collaborent et fonctionnent ensemble. Plus on exerce ces systèmes, plus le rendement est bon. En d'autres termes, plus on s'entraîne, plus en devient performant et efficace.

2. Qu'est-ce que la dysorthographie ?

Dans la même veine que la dyslexie, la dysorthographie semble être une atypie de fonctionnement entre les zones cérébrales qui permettent l'intégration et le traitement du langage oral et écrit. Elle affecte durablement la transcription écrite.
La dysorthographie peut être un trouble isolé même si elle est souvent la conséquence la plus pénalisante et la plus visible de la dyslexie.
La persistance des difficultés dans le temps signe la différence entre un retard et un trouble spécifique de l'orthographe.

A. Pourquoi la dyslexie et la dysorthographie sont-elles souvent liées ?

Un élève dyslexique éprouve des difficultés dans la mise en place et l'automatisation de la lecture. Pour rappel, l'apprentissage de la lecture consiste à :
• Apprendre un code arbitraire (le code alphabétique), puis convertir des sons en lettres et inversement.
• Se constituer un stock de mots connus (comme un dictionnaire interne).
• Parallèlement, mettre du sens, de comprendre ce que l'on est en train de lire.

L'orthographe s'appuie sur les mêmes fondations et repose sur l'engagement conjoint de ces mêmes processus. Une personne dyslexique sera donc très certainement en souffrance au niveau orthographique. D'autant que de nouvelles contraintes s'ajoutent à celles de la lecture :
• Le geste graphique peut être difficile et mobiliser beaucoup d'attention.
• Les règles grammaticales et d'usage (ainsi que leurs exceptions) rendent l'orthographe française particulièrement difficile.

De quoi a-t-on besoin pour être bon en orthographe ?

L'élève a besoin de différents types de ressources.

Des ressources mnésiques

• Mémoire visuelle efficace : pour développer le lexique de mots connus (dictionnaire de mots connus en mémoire).
• Mémoire de travail solide : pour garder en tête la forme verbale le temps de la manipuler (exemple : lorsque je veux écrire le mot boucher, je dois garder la forme auditive tout en me demandant comment je vais écrire le son /é/ dans ce mot).
• Mémoire à long terme : pour stocker les informations

→ **Le plus de l'enseignant :** entraîner les élèves en sollicitant plusieurs types de mémoires (exemple : épeler les mots à l'endroit mais aussi à l'envers, retenir les mots en racontant une histoire, en dessinant, en les mémorisant visuellement – on montre le mot, on le cache, on l'écrit...).

Des ressources attentionnelles

• Focalisation attentionnelle : pour sélectionner les informations pertinentes à retenir sans se laisser distraire par le contexte.
• Concentration attentionnelle : le temps nécessaire pour différencier les éléments entre eux (exemple : boire/poire).

→ **Le plus de l'enseignant :** proposer des supports d'apprentissage peu chargés visuellement.

Des ressources logico-mathématiques

Les compétences logico-mathématiques sont nécessaires pour opérer des liens grammaticaux dans les phrases ou réaliser des analogies entre les mots (exemple : trouver des mots de la même famille).
• Classification (exemple : pouvoir ranger les mots dans des catégories grammaticales).
• Inclusion (exemple : il existe plusieurs sortes de pluriel).
• Sériation (l'ordre des mots dans une phrase a son importance).
• Combinatoire (pour prendre des décisions).

→ **Le plus de l'enseignant :** faciliter les liens grammaticaux dans les phrases par des codes couleurs ou/et des flèches.

Des ressources motrices

Le geste graphique (surtout au début de l'apprentissage), engage beaucoup d'énergie de la part de l'élève et peut le mettre en surcharge attentionnelle. Certains élèves présentent des difficultés d'orthographe dues à des difficultés motrices (tellement happés par l'effort du geste, ils n'arrivent plus à écrire juste).

→ **Le plus de l'enseignant :** limiter la quantité d'écriture avec des dictées à trous, des fiches à remplir, etc.

Des ressources au niveau des fonctions supérieures (fonctions exécutives)

• Planification des étapes pour écrire correctement.
• Réalisation des hypothèses.
• Prise de décisions.
• Organisation et classement des informations.

→ **Le plus de l'enseignant :** proposer un support visuel avec des étapes à suivre. Les cocher au fur et à mesure qu'elles sont réalisées.

!

Cinq notions à garder en tête

- **Écrire et orthographier sont deux activités qui sont liées et s'impactent mutuellement.**
- **Un enfant avec des difficultés de lecture risque potentiellement d'avoir également des difficultés en orthographe.**
- **Pas de grammaire sans compréhension fine de la langue. Si l'élève ne comprend pas, il ne peut pas faire de liens entre les mots. Comment réaliser de bons accords par exemple ?**
- **Avoir une bonne connaissance des règles d'orthographe n'implique pas de savoir les appliquer dans un contexte de dictée (activité multitâche qui met l'élève dysorthographique en surcharge cognitive).**
- **Mémoriser n'est pas comprendre. Un élève qui a de bonnes capacités mnésiques peut faire illusion. Attention aux apprentissages de surface ! Par exemple, l'élève connaît très bien les terminaisons des verbes mais il n'arrive pas à accorder dans un contexte de phrase.**

3. Les signaux d'alerte

A. Des erreurs de transcription

- Des confusions auditives entre les sons proches (exemple : poule pour boule).
- Une connaissance du code alphabétique lacunaire, l'élève ne connaît pas toutes les graphies (exemples : ain/ein/in, ail/ouil/eil/euil...).
- Une méconnaissance des lois positionnelles (exemple : règles du s/ss, g/gu.ge...).
- Des omissions de lettre (exemple : pume pour plume).
- Des ajouts de lettre (exemple : briberon pour biberon).

B. Des erreurs visuo-attentionnelles

- Des confusions visuelles (exemple : d/b).
- Des inversions visuelles (exemple : oi/io).
- Un lexique orthographique faible, l'élève peine à retenir les mots irréguliers (exemple : monsieur, femme...).

C. Des erreurs sémantiques

- Des règles d'orthographe qui ne s'automatisent pas.
- Des erreurs sémantiques sur les homophones (exemple : verre/vert).
- Des erreurs entre les césures des mots (exemple : larbre pour l'arbre).
- Des fautes d'accord ou de compréhension de la grammaire (exemple : les chien, il a jouer...).

4. Les parents observent

- Des difficultés de lecture.
- Des fautes inconstantes sur les mots à apprendre (écrit parfois juste, parfois faux).
- Des sons complexes qui sont difficiles à mémoriser (exemples : ail, ouil, eil, euil).
- Des erreurs de segmentation et d'identification des mots (exemples : loiseau, un narbre).
- Des mots écrits phonétiquement (comme ils l'entendent).
- Des devoirs longs et pénibles.
- Une grande fatigabilité.
- Des difficultés à se repérer dans le temps et à s'organiser.
- Un cartable souvent désorganisé.
- Des oublis fréquents.
- Un enfant souvent dans la lune.
- Beaucoup de créativité et d'imagination.

2

La dysorthographie en classe

Il est important de garder en tête qu'il est normal qu'un élève fasse des fautes d'orthographe jusqu'à 9-10 ans. Orthographier correctement nécessite la mobilisation de nombreuses compétences (mnésiques, visuelles, auditives, motrices...), écrire juste est donc une activité coûteuse qui s'apprend progressivement.

1. Exemples de difficultés en classe : comment réagir ?

Pour l'élève dysorthographique, écrire sans faute est un défi qui le suivra toute sa scolarité. Alors quels types de fautes peut-on observer et que peut-on déjà proposer en classe pour soutenir son élève en difficulté ?

L'élève présente :	Que proposer ?
choux = **Des difficultés d'ordre logique** L'élève dysorthographique est en recherche de cohérence, ce qui manque cruellement à l'orthographe, qui, même si elle est régie par certaines règles, est truffée d'arbitraire et d'exceptions.	Apprenez à l'élève à réfléchir sur la façon d'écrire les mots. Mettez en avant les régularités orthographiques (exemple : les doubles consonnes sont plutôt en milieu de mots), les règles contextuelles (exemple : n, m devant p, b, n). Catégorisez les mots par famille.
Des difficultés à écrire phonétiquement juste Afin d'écrire juste d'un point de vue phonétique, il est nécessaire de connaître les correspondances phonético-graphémiques (à tel son correspond telle graphie). Souvent le code alphabétique de l'élève dysorthographique est lacunaire.	N'hésitez pas à utiliser tous les sens pour retenir la graphie des mots : le toucher (exemples : écrire les sons sur du sable, sur la paume de la main...), la vue (exemple : réaliser un dessin autour de la graphie pour s'en souvenir), le corps (exemple : mettre des graphies au sol, les enfants doivent aller sur le son qui correspond le plus vite possible), l'ouïe (exemple : écouter un son en fermant les yeux puis montrer sur une feuille le son correspondant).

	**Un lexique orthographique trop faible** Retenir un mot, l'intégrer et pouvoir le restituer écrit juste est une démarche très complexe pour le dysorthographique.	Jouez avec l'orthographe lexicale. Manipulez les mots en les épelant à l'endroit et à l'envers, en écrivant uniquement ses voyelles, en les écrivant sur le bureau avec son doigt...
	**Des difficultés en grammaire** Lier les mots entre eux, apprendre à accorder et comprendre les règles de grammaire restent un défi pour le dysorthographique.	Toujours proposer de rechercher les liens dans la phrase pour pouvoir opérer les bons accords.

2. Enseignants, que pouvez-vous faire ?

Il convient d'éviter de mettre l'élève en situation de double tâche.

A. Proposer des dictées aménagées

- Des dictées à trous.
- Des dictées à l'adulte (il s'agit ici de décharger l'élève de la dimension graphique, l'élève dicte et c'est l'adulte qui écrit).
- Des dictées enregistrées sur un support informatique (cela permet à l'élève de faire des allers-retours et d'aller à son rythme).

B. Éviter la copie

- Pour apprendre ou corriger les mots de la dictée.
- Éventuellement pour les devoirs (fournir des supports à coller, permettre de prendre une photo du tableau, laisser un autre élève copier les devoirs à la place de l'élève dysorthographique ou vérifier que tout y est...).
- Donner les notions-clés sur polycopié (pour éviter le risque que l'élève ne puisse se relire).
- À défaut, laisser plus de temps pour la copie.

C. Privilégier la qualité à la quantité

- Diminuer le nombre de mots à apprendre.
- Diminuer le nombre d'exercices à réaliser (exemple : un seul exercice sur les homophones).
- Donner moins de devoirs à la maison.
- Alléger les productions écrites.

D. Utiliser les ressources informatiques

- Privilégier l'ordinateur ou la tablette personnelle pour remplacer les activités papier/crayon.
- Donner les supports de cours et les exercices sur des supports informatiques.

• Utiliser un logiciel de type WordQ (aide à la relecture, dictée vocale, écriture intuitive qui facilite l'orthographe juste).

E. Aménager les évaluations

• Laisser un 1/3 temps supplémentaire.
• Fragmenter les évaluations.
• Évaluer le fond et non la forme (ne tenir compte des fautes d'orthographe qu'en dictée par exemple).
• Faire une notation positive (on compte les mots justes et pas les fautes).
• Faire une évaluation ciblée sur un seul critère (exemples : les fautes d'usage, les fautes d'accord…).

F. Proposer des aides à la relecture

• Laisser à l'élève ses fiches.
• Proposer un sous-main avec les règles de relecture, de grammaire, etc., et apprendre à l'élève à l'utiliser.
• Proposer une grille de relecture (trame à suivre pour guider l'élève dans ses corrections).

3. Vers quel professionnel orienter son élève ?

Lorsque l'on suspecte une dysorthographie, il est important d'orienter l'élève vers des professionnels qui pourront le soutenir dans sa scolarité et travailler à la pose d'un diagnostic. Comme pour une suspicion de dyslexie, il est recommandé de prendre rendez-vous avec le médecin scolaire, de faire un bilan orthophonique complet et une évaluation psychométrique. Puis, au cas par cas, un bilan en ergothérapie/psychomotricité/orthoptie pourra être proposé.

Cas pratique

Quentin, 9 ans, CM1

Une dictée pour moi, c'est l'enfer. Je dois écouter, écrire et savoir comment écrire. J'ai l'impression d'être dans mission impossible tous les vendredis sauf que moi j'échoue à chaque fois.

Le pire, c'est quand on me dit de relire. Comme si c'était une chance, une opportunité de me corriger. Sauf que je ne comprends pas ce que l'on attend de moi. Je lis ce que j'ai écrit sans savoir si c'est juste ou faux. Alors j'ajoute parfois des lettres pour faire comme si j'avais compris. Sauf que souvent cela me rajoute des fautes.

L'enseignant remarque :

- **Des graphies complexes non connues (ail/ouil/ain/oin…).**
- **Une copie très lente et fausse (peine à écrire ses devoirs jusqu'au bout).**
- **Une qualité d'écriture moindre.**
- **Des confusions de sons proches (exemple : taple pour table).**
- **Des omissions de lettre dans les mots longs (exemple : apprter pour apporter).**
- **Des erreurs de césure dans les mots (exemple : lamour pour l'amour).**
- **Une différence entre les aptitudes orales et écrites.**
- **Une bonne logique et des capacités en mathématiques.**
- **Un découragement dès qu'il faut écrire.**

Les parents expliquent que :

- **Leur enfant peut réussir un soir à écrire juste les mots de la dictée et le lendemain faire des erreurs sur ces mêmes mots.**
- **Il faut revoir les mots à apprendre tous les jours (impression que les mots ne sont jamais vraiment retenus).**
- **Quentin est souvent dans la lune.**
- **Il a un imaginaire très développé.**
- **Ils ne savent pas s'ils doivent lui donner des devoirs en plus le soir pour l'aider ou si au contraire il faut le laisser se reposer.**

Que pourrait proposer l'enseignant aux parents ?

- Aménager les devoirs en fonction des difficultés de Quentin. Proposer moins de mots à apprendre.
- Commencer par l'apprentissage des mots les plus faciles pour assurer une réussite et que l'enfant prenne confiance pour la suite.
- Varier les supports pour l'apprentissage (ordinateur, ardoise, tableau, lettres magnétiques...).
- Planifier des devoirs le soir qui n'excèdent pas 20 à 30 minutes. Il est important de laisser des temps de pause à l'enfant pour qu'il puisse assimiler, jouer et s'épanouir dans sa vie extra-scolaire.

Que pourrait proposer l'enseignant à Quentin ?

- Mettre en place des aménagements en classe pour le soutenir.
- Souligner ses forces en lui montrant comment s'appuyer dessus (exemple : bonnes compétences logiques).
- Mettre en place une méthode de relecture pour le guider.
- Travailler sur l'autoévaluation (que l'enfant puisse savoir avec certitude s'il fait juste, faux ou s'il ne sait pas, l'important est qu'il soit sûr de lui.

Fiche pratique

Comment aider mon élève dysorthographique en 5 idées ?

Quel est l'objectif de cette fiche ?

Avoir un élève qui présente des difficultés en orthographe durables est un challenge. Cette fiche a pour objectif de proposer des idées de supports faciles à réaliser et à appliquer dans le cadre de la classe.

Idée 1. Apprendre aux élèves à créer des cartes mentales

But : Aider l'élève à organiser sa pensée heuristique et à établir des liens logiques entre les notions à apprendre.

Matériel :

- Feutres ou crayons de couleur
- Feuilles blanches
- Scotch pour accrocher les feuilles entre elles si la carte mentale ne tient pas sur du A4

Démarche :

- Noter au centre de la feuille le sujet principal (exemple : le verbe).

Tracer, depuis le centre, des flèches de différentes couleurs pour représenter les sous-sujets (exemple : comment reconnaître le verbe ? À quoi sert-il ? Groupe ?...). Une flèche = une idée, un concept. Il est aussi possible de dessiner ou de coller une photo.

- Regrouper par couleur les idées en dessous de chaque branche (exemple : sous « Groupe », noter « 1er groupe -er, 2e groupe -ir, 3e groupe -ir, -re, -oir »).

Avantages :

- Mise en lien des informations et des associations d'idées : du thème principal découle les sous-thèmes.
- Utilisation de la créativité de l'enfant : c'est lui qui crée sa carte mentale, avec les couleurs de son choix.
- Organisation de la pensée : on trie les informations par catégorie.

- Spatialisation de l'information : l'information n'est plus séquentielle.
- Vision globale de la notion à apprendre : tout tient sur une page.

Inconvénients :

- Une carte mentale est personnelle.
- Demande à l'enseignant d'apprendre aux élèves à faire et à comprendre une carte mentale. C'est un outil puissant mais il n'est pas « clé en main ».

Idée 2. Créer une main/trame de relecture

But : Créer avec les élèves une trame de relecture pour les guider dans cette étape.

Matériel :

- Feutres ou crayons de couleur
- Feuilles blanches

Démarche :

- Dicter une phrase (exemple : Les enfants jouent à la balle.).
- Pour chaque mot, verbaliser les difficultés : le pluriel, les graphies en/an, l'homophone, la double consonne, la ponctuation, etc.
- Puis, interroger les élèves sur toutes les questions qu'il a fallu se poser pour écrire juste cette phrase, et noter toutes les idées au tableau.
- Regrouper les idées en 5 points précis de relecture (exemple : les accords, les conjugaisons, les homophones, l'orthographe lexicale, la ponctuation/majuscule...).
- Proposer aux élèves de dessiner le contour de leur main sur une feuille blanche.
- Noter « stop relecture » sur la paume de la main puis chaque point de relecture sur un doigt. L'élève dispose de sa main de relecture.
- Entraîner l'utilisation dans des exercices en classe puis laisser à disposition durant la dictée.

Idée 3. « Des yeux comme des ascenseurs » ou comment développer l'orthographe d'usage

But : Mémoriser avec précision les mots.

Démarche :

Écrire le mot à apprendre en haut du tableau (en Programmation Neurolinguistique, on apprend qu'il faut regarder vers le haut pour mémoriser l'information). Proposer aux élèves de fixer le mot, de le prendre en photo et de le monter dans leur tête en utilisant les yeux comme des ascenseurs. Ils regardent le mot, lèvent les yeux au ciel comme pour le coller dans leur mémoire. Répéter la manœuvre autant que nécessaire.

Fermer le tableau. Demander aux enfants d'aller chercher la photo du mot dans leur tête à l'aide de « l'ascenseur des yeux ».
Voient-ils distinctement le mot ? Oui, ils peuvent l'écrire. Non, on reprend la stratégie depuis le début. Insister sur le fait que le travail ici est de développer des images justes des mots dans la tête. Peu importe s'ils doivent voir le mot plusieurs fois avant d'y arriver.

Cette stratégie ne peut être efficace que si l'enfant possède de bonnes capacités visuelles (tant en discrimination qu'en mémorisation). Ces points sont évalués dans le bilan orthophonique de l'élève dysorthographique, d'où l'importance de travailler en partenariat avec l'orthophoniste.

Idée 4. Créer des associations entre les mots

But : Associer les nouvelles informations aux anciennes pour en favoriser la mémorisation. Il s'agit de faire des liens entre les mots de la même famille.

Démarche :

• Dessiner une maison au tableau et y écrire un mot sur lequel on aimerait travailler (exemple : lait).

• Attirer l'attention des élèves sur les difficultés du mot (exemple : /ai/ et la lettre /t/).

• Demander aux élèves de trouver des mots de la même famille.

• Noter dans la maison tous les mots en lien orthographique avec le mot cible (exemple : laiterie, allaiter, laitage, laitier, laitière) et noter en dehors de la maison les autres mots (exemple : vache → lien de sens).

• Souligner avec les élèves les points communs avec le mot cible.

Idée 5. Consolider et généraliser

But : Pour développer un stock de mots connus, il faut aussi revoir les mots appris à intervalles réguliers ; cela permet au cerveau de comprendre que ces informations peuvent être nécessaires, et donc cela renforce la mémorisation.

Démarche :

• Créer une grille de révisions des mots sur plusieurs semaines.

• Proposer régulièrement de revoir les mots appris en proposant à l'enfant d'essayer de trouver des points communs de sons (exemple : mettre tous les mots qui comportent le son /ain/ ensemble), de sens (exemple : tous les mots qui parlent des animaux), de lexique (exemple : pomme/pommier) ou de nature (exemple : tous les verbes/noms...).

• L'élève doit ensuite cocher dans sa grille de révision sa progression (exemple : semaine 1 : révision liste 1, semaine 2 : révision listes 1+ 2, etc.).

• Il est important de varier les contextes et les supports d'apprentissage pour faciliter la généralisation des connaissances.

Regards croisés

Zoom sur... l'orthoptie

1. Qu'est-ce que l'orthoptie ?

L'orthoptie traite des troubles mécaniques de l'œil sous leurs formes les plus diverses (sensorielle, visuelle, motrices et fonctionnelles).
L'orthoptiste analyse le comportement des yeux, pendant la lecture par exemple, et voit s'ils fonctionnent correctement. Il peut évaluer la présence ou non d'un trouble neurovisuel (*cf.* Trois prérequis essentiels aux apprentissages écrits, page 9).

2. Pourquoi envisager l'orthoptie pour l'élève dysorthographique ?

Les yeux sont l'entrée principale pour la lecture, mais aussi pour l'orthographe. L'enfant doit avoir une bonne prise d'indices visuels pour apprendre à lire et pour se constituer un bon stock orthographique. Parfois, des confusions de sons peuvent cacher un trouble neurovisuel, l'œil ne se fixe pas bien sur les lettres et n'opère pas forcément de bonnes saccades par exemple.
Pour l'élève dysorthographique ; l'orthoptie va permettre d'améliorer ses stratégies visuelles (exemple : améliorer son balayage visuel).

3. Comment se déroule l'intervention orthoptique ?

Étape 1 : le bilan orthoptique (sur prescription médicale)
La première consultation commence par un entretien, puis l'orthoptiste va réaliser tout une série de tests permettant de faire un bilan visuel. Il étudie le mouvement des yeux, leurs réactions, leurs mobilités et leur perception visuelle. À la fin de ces tests, une éventuelle rééducation peut être envisagée.

Étape 2 : la rééducation
Les séances de rééducation se font chez l'orthoptiste. Ce sont souvent des suivis courts, mais qui demandent un investissement de l'élève. En effet, entre les séances de rééducation l'orthoptiste peut donner des exercices à réaliser qui, s'ils sont faits régulièrement, contribuent largement à la bonne réussite de la rééducation.

Étape 3 : la collaboration
Il est tout à fait possible de prendre contact avec l'orthoptiste qui suit l'élève pour lui demander un retour oral de son bilan. Il peut également donner des conseils pour aider l'enseignant à soutenir son élève en classe.

Trois exemples de situations complexes pour les élèves dysorthographiques (présentant des difficultés neurovisuelles)

Copier au tableau

Le changement de plan visuel (passer du plan horizontal au plan vertical) peut perdre l'élève visuellement. De plus, l'enfant présentant des difficultés visuelles aura tendance copier lettre par lettre. L'exercice est donc coûteux, non efficace et même néfaste car l'élève fera beaucoup de fautes qu'il ne sera pas en mesure de corriger.

→ **Le plus de l'enseignant :** écrire à la place de l'élève, lui donner un modèle sur sa table, lui fournir la leçon ou les devoirs.

Quand la forme et le fond ne sont pas différenciés

Un élève dysorthographique qui se voit affublé d'une mauvaise note à son contrôle d'histoire parce qu'il a fait des fautes d'orthographe sera pénalisé alors qu'il a appris sa leçon et la connaît.

→ **Le plus de l'enseignant :** ne tenir compte de l'orthographe que si c'est l'objet de l'évaluation.

Les questionnaires à choix multiples

Proposer plusieurs orthographes d'un mot est très perturbant pour l'élève dysorthographique. Il n'a pas de représentation assez solide des mots pour ne pas se mettre à douter de celles-ci. De plus, il risque de garder en mémoire des mots mal orthographiés.

→ **Le plus de l'enseignant :** proposer plutôt un texte à trous.

4. Enseignants, que pouvez-vous faire avec un élève dysorthographique ?

- Utiliser des guides de lecture pour aider l'œil à se focaliser sur une ligne ou un mot.
- Utiliser le papier relief qui aidera l'élève à écrire sur les lignes.
- Utiliser des cartes mentales.
- Éviter les tableaux à double entrée.
- Surligner une ligne sur deux en alternant deux couleurs dans les textes ou les consignes.
- Utiliser des pictogrammes dans les consignes pour les mots-clés.
- Éviter les changements de plan pour la copie (exemple : copie au tableau).

CHAPITRE 3

La dyscalculie

Trouble spécifique de l'apprentissage des mathématiques

1 Comprendre la dyscalculie 65

1. Quelques prérequis aux mathématiques 65
2. La logique et les mathématiques 67
3. Qu'est-ce que la dyscalculie ? 68
4. Les différents types de dyscalculie 69
5. Les signaux d'alerte 70
6. Les parents observent 70

2 La dyscalculie en classe 71

1. Exemples de difficultés en classe : comment réagir ? 71
2. Enseignants, que pouvez-vous faire ? 74
3. Vers quel professionnel orienter son élève ? 74

Cas pratique 76

Fiche pratique 78

Regards croisés : zoom sur... la neuropsychologie 80

1

Comprendre la dyscalculie

Naît-on avec la « bosse des maths » ? Certains enfants sont-ils prédestinés à être bons en mathématiques ? La réponse est oui et non.

Oui, car nous héritons tous d'un bagage génétique qui nous prédispose aux apprentissages. Et les mathématiques n'échappent pas à cette règle. Les neuroscientifiques ont pu avérer que l'on naît avec un sens inné du nombre. En effet, les bébés peuvent appréhender de petites quantités (jusqu'à 3 éléments) et les comparer, savoir où il y en a le plus et où il y en a le moins.

Mais ce sens du nombre n'est qu'une base sur laquelle se développent les mathématiques. Donc, si l'on n'entraîne pas les compétences numériques, elles ne pourront pas être pleinement exploitées.

Le sens du nombre de l'élève dyscalculique est altéré. Son système numérique est plus ou moins « endommagé », ce qui engendre un trouble spécifique des apprentissages plus ou moins important.

1. Quelques prérequis aux mathématiques

Prérequis	Quelle importance pour les mathématiques ?	Que proposer ?
La logique et le raisonnement	Les structures logiques sont indispensables pour développer les mathématiques, elles sont le socle sur lequel peut se construire la représentation du nombre par exemple. Si elles ne sont pas stables, l'enfant sera en difficulté pour entrer dans les mathématiques.	Expérimenter, observer, manipuler sont les outils les plus efficaces pour développer les capacités des élèves. Laisser l'élève raisonner par lui-même.
Des capacités mnésiques et attentionnelles	Pour retenir les notions mathématiques, l'élève doit être doté de capacités mnésiques et attentionnelles (exemple : les tables de multiplication).	Apprendre aux élèves à se servir de la calculatrice et autoriser son utilisation.

Se repérer dans le temps	Le temps est une notion abstraite, que l'enfant intègre petit à petit mais qui reste longtemps problématique pour l'élève dyscalculique. Il est souvent perdu dans le temps. Il apprend par cœur la litanie des jours, des mois et des saisons sans pour autant parvenir à se repérer. L'apprentissage de l'heure est également problématique. Il est difficile d'être ordonné si l'on n'est pas temporalisé. Or, dans les mathématiques, qu'il s'agisse d'opérations, de résolutions de problèmes ou de géométrie, l'enjeu est de s'organiser et d'agir dans un ordre précis.	- Mettre en place un planning visuel (exemple : avec des pictogrammes et/ou des photos). - Recourir à des horloges visuelles en classe (exemple : Time Timer®). - Pratiquer des expériences pour matérialiser le temps qui passe (exemples : planter une graine, prendre en photo un même arbre au cours des saisons...). - Décomposer et verbaliser avec l'élève les actions qu'il doit réaliser
S'orienter dans l'espace	L'intégration du vocabulaire spatial (exemples : dessous, à côté, entre...) est longue. Or, pour apprendre à compter, faire de la géométrie ou des calculs, il faut savoir se repérer dans l'espace et avoir développé une bonne structuration spatiale. L'élève dyscalculique a des difficultés à se repérer et à s'orienter dans l'espace autour de lui.	- Expérimenter pour entraîner les compétences spatiales des élèves (exemples : parcours psychomoteur guidé, jeux d'orientation). - Utiliser un vocabulaire spatial imagé pour expliquer, illustrer et aider l'élève à comprendre avec sa tête et pas seulement avec ses yeux.
Un bon niveau de langage oral	Pour comprendre les consignes ou expliquer son raisonnement, l'élève doit avoir une bonne maîtrise du langage oral.	Demander à l'élève de reformuler pour évaluer son degré de compréhension.
Des fonctions exécutives performantes	Pour faire des mathématiques, il faut pouvoir, entre autres, s'organiser, anticiper, planifier des actions à réaliser.	Décomposer et illustrer les étapes d'un raisonnement ou d'une technique opératoire.

2. La logique et les mathématiques

En mathématiques, certaines acquisitions sont le fruit d'un apprentissage, comme l'arithmétique ou la géométrie.
Mais le raisonnement mathématique ne s'apprend pas : il se construit et se développe.
C'est le socle sur lequel reposent les apprentissages mathématiques.

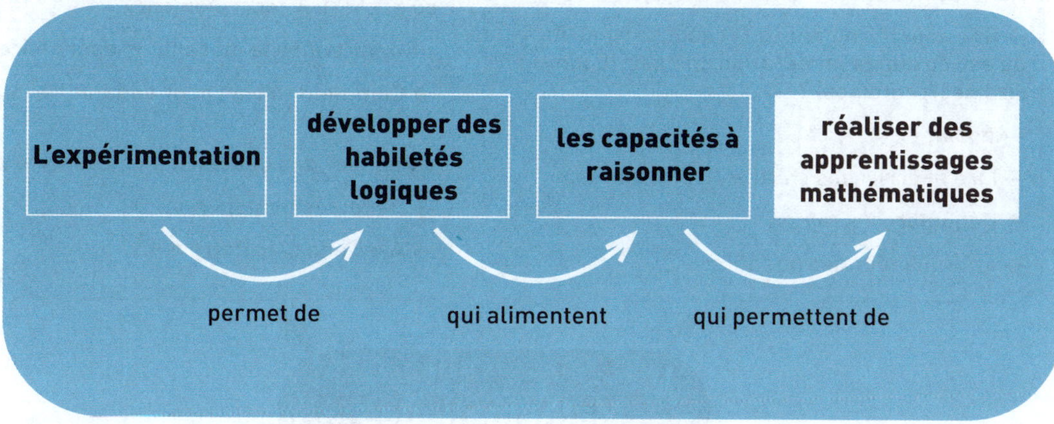

A. Six principales structures logiques

- **La classification :** capacité à faire des classes, c'est-à-dire à organiser le monde environnant (exemple : trouver les points communs entre des moyens de transport et les trier → mettre tous les engins qui volent ensemble, ceux qui roulent ensemble...).

- **La combinatoire :** capacité à mobiliser sa pensée pour envisager toutes les solutions possibles en gérant plusieurs informations (exemple : dessiner toutes les maisons triangulaires ou carrées possibles qui seront soit bleues, jaunes ou vertes).

- **La sériation :** capacité à ordonner, à ranger les choses, selon un critère précis (exemples : du plus petit au plus grand, du plus gros au plus mince), comprendre l'aspect relatif dans la sériation (exemple : grand ou petit n'est pas un état, on est grand ou petit par rapport à ...).

- **L'inclusion :** capacité à réaliser des catégories et des sous-catégories, à concevoir le « tout » et ses « parties » (exemple : les élèves sont le « tout », les parties peuvent être « les filles et les garçons »).

- **La conservation :** capacité à comprendre qu'une quantité reste la même indépendamment de sa place dans l'espace (exemple : s'il y a dix jetons, qu'ils soient empilés ou étalés sur la table, il y aura toujours la même quantité de jetons).

→ Le plus de l'enseignant : réaliser des expériences scientifiques quel que soit le niveau scolaire pour entraîner les élèves à observer les causes et les conséquences des actions, autrement dit les entraîner à raisonner.

B. Les apprentissages mathématiques

Mathématiques

Le monde numérique : les chiffres/les nombres

Exemples de compétences attendues :

- **Comprendre le système numérique :**

→ Que sont les nombres ? À quoi servent-ils ? Qu'est-ce que la numération en base 10 (unités/dizaines/centaines) ?

- **Réussir à :**

→ Lire et écrire les chiffres/les nombres.

→ Dénombrer/compter.

→ Appréhender des quantités.

Le monde arithmétique : les calculs

Exemples de compétences attendues :

- **Mettre du sens dans les opérations :**

→ Que fait-on quand on additionne ? Que se passe-t-il concrètement ?

- **Comprendre la mécanique opératoire :**

→ Comment fait-on pour additionner ou soustraire ?

- **Réaliser des opérations en contexte :**

→ De tête (calcul mental).

→ Avec une calculatrice.

Le monde des mesures : géométrie, unités, temps qui passe

Exemples de compétences attendues :

- **Se repérer dans l'espace :**

→ Réaliser des graphiques, reproduire des formes, découvrir les plans, les angles...

- **Se repérer dans le temps :**

→ Lire l'heure, faire des conversions (exemple : heures/minutes).

- **Réaliser des mesures :**

→ Apprendre à lire, convertir et comparer toutes sortes de mesures.

L'application des connaissances mathématiques en situation réelle : les problèmes

Exemples de compétences attendues :

- **Comprendre un énoncé :**

→ Savoir schématiser, trier les informations pertinentes.

- **S'organiser :**

→ Utiliser ses autres compétences mathématiques (exemple : calculs).

3. Qu'est-ce que la dyscalculie ?

La dyscalculie est un trouble spécifique de l'apprentissage des mathématiques et/ou de la logique. Tous les aspects des mathématiques peuvent être touchés : la numération, la géométrie, l'apprentissage des opérations, la résolution de problèmes.
Les compétences logiques ne s'apprennent pas, elles se développent par l'expérimentation (en essayant, en se trompant, en observant et en déduisant). Pour l'élève dyscalculique, les bases de la logique sont souvent lacunaires. Or, le développement des mathématiques repose sur ce socle.

En conséquence, la compréhension du monde numérique, des chiffres et des nombres est opaque et très complexe pour l'élève dyscalculique.
L'origine de la dyscalculie est méconnue. On sait cependant que, comme pour les autres troubles spécifiques des apprentissages, il existe une prévalence génétique. On parle d'un trouble et non d'un retard, car c'est durable. Il est spécifique car il est isolé et n'est pas la conséquence d'un retard plus global (l'élève présente une bonne efficience intellectuelle). Par ailleurs, l'élève dyscalculique présente de bonnes compétences scolaires. Il n'est pas rare cependant que la dyscalculie soit associée à un autre trouble spécifique des apprentissages (exemple : dyspraxie) ou à d'autres difficultés, un trouble de l'attention par exemple.

4. Les différents types de dyscalculie

La dyscalculie peut être primaire ou secondaire.

A. La dyscalculie primaire

C'est un trouble spécifique isolé à part entière. Il n'est pas la conséquence de difficultés cognitives annexes.

B. Les dyscalculies secondaires

Type de dyscalculie	Secondaire à...	Types de difficultés observées
 **Dyscalculie praxique et spatiale**	La dyspraxie	Difficultés de manipulation, problèmes d'exploration visuelle (désordonnée, anarchique...), maladresses...
 **Dyscalculie linguistique**	La dysphasie	Difficultés de compréhension du langage (exemples : compréhension de consignes, de termes mathématiques...) et d'expression orale (exemples : explications, justifications...).
 **Dyscalculie procédurale**	Le syndrome dysexécutif	Difficultés dans l'organisation de la pensée, dans l'application des procédures et des processus mathématiques (exemple : comprendre, appliquer et respecter les étapes d'un calcul).

Dyscalculie mémorielle et attentionnelle	**Le trouble de l'attention avec ou sans hyperactivité (TDA/H), difficultés mnésiques**	**Difficulté dans la mémorisation des faits numériques (exemple : tables de multiplication)**

4. Les signaux d'alerte

A. En fin de maternelle

• Ne met pas de sens derrière les nombres et dans la relation de grandeur entre eux (exemple : ne perçoit pas que 7 est plus petit que 8 et plus grand que 5).
• N'arrive pas à évaluer des quantités (exemple : ne sait pas répondre à « montre-moi là où il y a le plus de bonbons ? »).
• Des difficultés à apprendre la chaîne numérique jusqu'à 30.
• Des difficultés à établir une équivalence.
• Des difficultés à trier selon un critère.
• Des difficultés à faire de la correspondance terme à terme, c'est-à-dire « associer n'importe quel élément d'une collection avec n'importe quel élément de l'autre, de manière à ce que tous les éléments de la première collection soient en lien avec un, et un seul élément, de la seconde ».
• Des difficultés à dénombrer.
• N'utilise pas ses doigts pour compter (alors que cela pourrait l'aider).

B. En élémentaire

• Des difficultés de compréhension du système en base 10.
• Des erreurs dans l'écriture des nombres (exemple : écrit 51 pour 15).
• Des erreurs de lecture de nombre (exemple : lit 27 pour 207).
• Des difficultés à mémoriser les nombres (exemple : code de la porte d'entrée).
• Ne retient pas les tables de multiplication/d'addition.
• Confond les symboles opératoires.
• Des difficultés à faire des calculs (même simples).
• Des difficultés à poser une opération.
• Des difficultés à résoudre des problèmes.

5. Les parents observent

• Des difficultés à réaliser des recettes de cuisine.
• N'arrive pas à se représenter des sommes d'argent, ni à manipuler les pièces (exemples : compter son argent de poche, savoir si le pain coûte plus cher que la viande…).
• Des difficultés à se repérer dans le temps.
• Des problèmes pour évaluer les durées (exemple : temps de trajet en voiture).
• Un désintérêt voire un dégoût pour les mathématiques.
• Une diminution de l'estime de soi et de la confiance en soi.

2

La dyscalculie en classe

1. Exemples de difficultés en classe : comment réagir ?

Dans l'inconscient collectif, les mathématiques ont tendance à faire peur, voire à générer de l'angoisse. Est-ce parce qu'elles ne s'accommodent pas de l'approximation (il n'y a qu'une seule bonne réponse à un calcul) ? Ou peut-être parce que l'on pense qu'il y a un caractère inné aux compétences mathématiques (« oh dans ma famille, on n'a jamais eu la bosse des maths ! ») ? Ou encore parce qu'on imagine que c'est une matière complexe réservée à des initiés, voire à des génies comme Einstein ?
Si ce sont souvent des préjugés, il n'en reste pas moins que pour les élèves dyscalculiques, le chemin des mathématiques est semé d'embuches. En tant qu'enseignant, aider ces élèves qui sont dans une grande détresse est donc très important.
Il est possible de les soutenir dès la maternelle, en favorisant des exercices d'expérimentation, de manipulation et le développement de la logique.

A. En fin de maternelle

L'élève présente des difficultés à :	Que proposer ?
 **Faire du tri selon un critère commun et changer de critère (la classification)**	**Prendre un sac de LEGO®, le vider. Interroger les élèves sur comment on pourrait les ranger (exemple : par couleur). Modifier le critère de rangement : comment pourrait-on les ranger autrement ? (exemple : par taille). Ainsi de suite, jusqu'à épuiser tous les possibles.**
 **Comprendre qu'une quantité reste identique même si on la bouge dans l'espace (la conservation)**	**Prendre vingt cubes, en faire deux tas identiques, compter le nombre de cubes dans chacun des tas, et montrer ainsi qu'il y en a autant des deux côtés. Proposer à un élève de construire la tour de son choix avec les dix cubes de droite.** **Puis interroger : à votre avis, y a-t-il encore le même nombre de cubes à droite et à gauche ? Y en a-t-il autant ?** **Proposer plusieurs transformations spatiales pour montrer aux élèves que le nombre de LEGO® reste le même quelle que soit la construction.**

Ordonner des objets selon un critère (la sériation)	Par petits groupes, désigner un élève qui sera le « chef d'orchestre » et devra ranger les enfants de son groupe selon un critère (exemple : du plus petit au plus grand).
Faire de la correspondance terme à terme	Proposer le « jeu du facteur » : le facteur doit prendre dans un tas d'enveloppes autant de lettres qu'il y a d'élèves, puis vérifier qu'il y a le nombre nécessaire en donnant une lettre à chaque enfant. À la fin de la distribution, interroger l'élève : Y a-t-il autant de lettres que d'enfants ? Renouveler le jeu en modifiant le nombre d'élèves. Utiliser le jeu des Mathœufs®.
Connaître la litanie des nombres (retenir les chiffres dans l'ordre, sans oubli ou inversion)	Utiliser le corps pour retenir la litanie dans l'ordre (exemple : faire une chaîne d'enfants. Le premier élève est le wagon 1, puis le deuxième s'accroche au « train » et les élèves tous ensemble reprennent en chœur la suite des nombres : le 1er, le 2e puis le 3e wagon s'accroche, on reprend depuis le début 1, 2, 3, etc. À chaque fois que l'on accroche un nouveau wagon, on reprend la litanie des nombres).

B. En élémentaire

L'élève présente des difficultés à :	Que proposer ?
Dénombrer : développer la compétence du « combien » ? Le dénombrement demande de coordonner le pointage, la vision et le mouvement (action complexe pour un élève dyspraxique par exemple).	Laisser à disposition du matériel pour manipuler tant que l'élève en a besoin.

10 **100** **1000** **Comprendre le système en base 10 :** comprendre les unités/dizaines/centaines	Dessiner 3 maisons de 9 étages : la maison des unités, la maison des dizaines et la maison des centaines. Expliquer que dans la maison des unités, on ne peut mettre qu'une seule allumette par étage. Quand tous les étages sont remplis, on prend toutes les allumettes et on forme 1 paquet de 10 allumettes, qui passe alors dans la maison des dizaines. On observe et on note : dans la maison des dizaines, je vois 1 paquet, et dans celle des unités, il y en a 0. On écrit 10. Puis on défait le paquet et on compte : il y a 10 allumettes en tout. 10 s'écrit avec 1 car il y a 1 dizaine (1 paquet de 10 allumettes), et avec 0 car la maison des unités est vide. On procède de la même façon pour les centaines (quand il y a 10 paquets de 10 allumettes, on fait 1 paquet de 100 allumettes). La compétence à manipuler s'entraîne en ajoutant des allumettes, en en retirant, en observant, en notant ce que l'on voit et en lisant le résultat.
7+2 **Calculer :** c'est souvent ce que l'élève dyscalculique peut acquérir par l'entraînement et la connaissance des procédures	Utiliser des fiches techniques, simples et imagées en précisant le plus possible les étapes à suivre. Autoriser l'élève dyscalculique à garder ces fiches avec lui pendant les évaluations.
Résoudre des problèmes : peut-être la situation la plus complexe pour l'élève dyscalculique car elle requiert plusieurs compétences au sein d'un même exercice	Si les problèmes sont trop difficiles pour l'élève dyscalculique, proposer des problèmes à trous où l'élève ne sera évalué que sur une seule compétence (exemple : sélectionner les informations pertinentes).

2. Enseignants, que pouvez-vous faire ?

• **Avancer pas à pas :** il est essentiel de respecter chaque étape et que l'élève ait pu mettre du sens sur chacune d'elle pour que la suite puisse se construire correctement (exemple : rester à des additions simples tant qu'il n'en a pas compris le principe).
• **Laisser l'élève comprendre par lui-même :** c'est parfois long mais il est essentiel que l'élève puisse lui-même opérer le raisonnement, sinon il risque de ne pas accéder à la compréhension de la notion (exemple : c'est comme le bébé qui essaie de faire rentrer un rond dans un carré : à force d'essayer et de rater, il comprend par lui-même que le rond va dans le rond. Il en va de même pour la plupart des apprentissages logiques et mathématiques).
• **Faire attention aux apprentissages plaqués :** il faut être vigilant, certains élèves peuvent acquérir des notions par cœur à force de les voir sans pour autant les comprendre ; ils ne pourront d'ailleurs pas les appliquer dans des situations de problèmes (exemple : ce n'est pas parce que l'élève connaît une technique opératoire qu'il comprend le sens des opérations).
• **Être le plus précis possible** : au cours d'un raisonnement, nous formons inconsciemment de nombreuses sous-étapes pour arriver à une conclusion. Il est nécessaire de formaliser clairement chacune d'elles pour aider l'élève dyscalculique à comprendre.
• **Privilégier l'expérimentation :** les mathématiques sont un domaine qui requiert de l'abstraction. Pour réussir à la développer, il faut passer par une phase d'expérience et d'expérimentation. Plus on est dans le concret, plus on crée un terreau fertile pour développer des capacités d'abstraction.
• **Faire des sessions régulières d'entraînement :** il est préférable d'avoir de petites sessions quotidiennes d'entraînement, sur les calculs par exemple, plutôt que de grandes sessions moins régulières.
• **Mettre en scène les apprentissage** (exemples : faire vivre, mimer, imager).
• **Proposer des QCM :** le choix multiple peut être un bon exercice facilitateur pour l'élève dyscalculique.
• **Autoriser la calculatrice :** lorsque l'on veut évaluer le raisonnement de l'élève, ne pas hésiter à le soulager de l'aspect technique opératoire en lui laissant à disposition sa calculatrice.
• **Valoriser les réussites**.

3. Vers quel professionnel orienter son élève ?

• **Le pédiatre ou le médecin scolaire :** il est toujours bon de renvoyer les parents auprès du médecin de leur enfant, qui reste le coordinateur principal. Il est aussi possible de prendre rendez-vous auprès du médecin scolaire qui connaît bien les démarches à effectuer et pourra être à même d'accompagner les parents dans le parcours diagnostic.
• **L'orthophoniste :** il pourra faire un bilan de langage logico-mathématique (sur prescription médicale), poser des hypothèses diagnostiques, proposer un suivi thérapeutique et se mettre en lien avec l'école pour collaborer avec celle-ci.

• **L'ergothérapeute ou le psychomotricien :** s'il y a une maladresse, des difficultés spatio-temporelles, il peut s'agir d'une dyscalculie secondaire, et l'ergothérapeute aidera à poser ce diagnostic différentiel.
• **Le psychologue et/ou le neuropsychologue :** il pourra évaluer l'efficience intellectuelle et mettre en évidence l'hétérogénéité ou l'homogénéité des fonctions cognitives, c'est-à-dire évaluer les processus sous-jacents aux tâches que l'on réalise. Il participe au diagnostic différentiel (s'agit-il de dyslexie ou autre ?). Le psychologue peut également évaluer l'impact émotionnel des difficultés scolaires sur l'affect de l'enfant.
• **L'orthoptiste :** il établit un bilan en neurovision (notamment s'il peine à se repérer dans les tableaux à double entrée par exemple).

QUESTION D'ENSEIGNANT

Un élève dyscalculique doit-il forcément apprendre ses tables de multiplication ?

L'apprentissage des tables est difficile, même pour un enfant lambda. L'élève dyscalculique peut passer de nombreuses heures à essayer d'apprendre ses tables sans pour autant y arriver. Cela peut être source de frustration, voire de tension extrême pour l'élève qui se sentira dégradé dans ses compétences.

La réponse à cette question est donc tout en nuances. Il serait dommage de décider *a priori* de dispenser l'élève de cet apprentissage. Néanmoins, si l'enseignant constate un blocage important, il peut envisager de lever l'obligation d'apprendre par cœur, et permettre à l'élève de consulter les tables de multiplication au besoin.

Astuce : proposer des méthodes d'apprentissage alternatives (*cf.* fiche pratique p. 78).

Cas pratique

Violette, 9 ans, CM1

« Les problèmes, cela porte bien son nom. Je n'y comprends souvent pas grand-chose. Ma maman essaie de m'expliquer comment faire mais je ne comprends pas plus et on finit souvent par se fâcher et cela fait encore plus de problèmes ! »

L'enseignant remarque :

- **Des difficultés à comprendre le sens des calculs.**
- **Des erreurs de transcriptions dans les nombres (exemple : 75 écrit 6015).**
- **Une lenteur dans le raisonnement.**
- **Des liens logiques qui peinent à se créer.**
- **Des calculs possibles mais à force de répétition, pas de sens derrière (apprentissage plaqué).**
- **Des résultats irréguliers.**
- **Une grande fatigabilité.**

Les parents expliquent que :

- **Violette est assez désorganisée.**
- **Elle est souvent perdue dans le temps (exemple : elle ne sait pas toujours quel mois, quelle saison, voire quel jour on est).**
- **Face aux problèmes, elle se focalise sur les nombres et tente des opérations sans comprendre l'énoncé.**
- **Les devoirs sont source de tension.**
- **La manipulation (exemple : des allumettes) l'aide parfois, mais pas toujours.**
- **Elle a mis très longtemps à connaître la litanie des nombres.**
- **Elle n'arrive pas à retenir ses tables de multiplication.**
- **Seule, elle ne peut pas réaliser une recette de cuisine.**

Que pourrait proposer l'enseignant aux parents ?

- Faire réaliser un bilan orthophonique logico-mathématiques.
- Adopter le même protocole qu'en classe pour réaliser les calculs (chaque étape et sous-étape doivent être illustrées).
- Éviter de se focaliser sur les nombres dans les problèmes, l'aider avant tout à comprendre le texte (ne pas hésiter à jouer, à mettre en situation, à faire reformuler, à étayer), avant dans un second temps de s'occuper du calcul à opérer.
- Laisser Violette raisonner seule (même si c'est long).
- Être patient autant que possible (c'est souvent difficile de rester calme pour ce qui nous paraît évident et qui pourtant bloque chez son enfant).
- Éviter de faire à la place de Violette (pour comprendre son raisonnement, il faut la laisser faire et observer).

Que pourrait proposer l'enseignant à Violette ?

- Un sous-main avec une bande numérique (bande sur laquelle sont inscrits les chiffres avec une correspondance imagée).
- Des fiches techniques pour les calculs (exemple : comment réaliser une multiplication).
- La laisser expliquer ce qu'elle a compris de la situation énoncée dans le problème avant d'opérer le calcul.
- Lui donner moins d'exercices pour qu'elle puisse avoir plus de temps pour réfléchir.
- Pouvoir avoir ses tables de multiplication.

Fiche pratique

Comment aider mon élève dyscalculique à apprendre les tables de multiplication en 3 idées ?

Quel est l'objectif de cette fiche ?

L'apprentissage des tables de multiplication est un défi pour nombre d'élèves. Elles sont particulièrement compliquées à retenir pour les élèves présentant des difficultés d'apprentissage. Cette fiche a pour but de proposer trois idées pour aborder cet objectif délicat.

Idée 1. Apprendre avec Multimalin®, méthode créée par Matthieu Protin (enseignant et spécialiste de la mémoire des enfants)

But : Utiliser les techniques des champions de mémorisation (associations et images mentales) pour apprendre les tables de multiplication autrement.

Matériel : Ordinateur/tablette pour voir les vidéos, un cahier d'apprentissage par élève, et un jeu de 56 cartes pour réviser les acquis.

Démarche : « Pour chaque multiplication, l'enfant progresse dans l'apprentissage selon 4 étapes :
- **Étape 1 :** repérage d'une multiplication non mémorisée.
- **Étape 2 :** création des images mentales de la multiplication à mémoriser grâce aux dessins-animés.
- **Étape 3 :** atelier d'entraînement sur le cahier.
- **Étape 4 :** révision à l'aide du jeu de cartes MultiMalin® »

Important : Il est essentiel que l'élève se raconte l'histoire en visionnant les animations vidéo ou les dessins. Regarder les images ne suffit pas.

Avantage : Méthode originale, qui sollicite des processus de mémorisation novateurs.

Inconvénient : Méthode payante.

Idée 2. Apprendre les tables de multiplication avec la table de Pythagore

But : Avoir toutes les tables de multiplication au même endroit, sous forme de tableau à double entrée.

Matériel : Tables de Pythagore vierges et tables de Pythagore complétées (on en trouve facilement sur internet).

Démarche : La table de Pythagore est un tableau à double entrée, qui donne les résultats des multiplications en liant une ligne avec une colonne.
- **Étape 1 :** on se familiarise. L'élève apprend le fonctionnement du tableau. L'enseignant montre, l'élève observe et comprend le principe. On joue à chercher des multiplications dans le tableau (exemple : 5 × 2, 8 × 7...).
- **Étape 2 :** on remplit, on observe, on apprend : remplir chaque ligne avec la table qui correspond. Discuter avec vos élèves, leur demander d'observer les nombres qui reviennent (les doubles).

Avantage : Outil très efficace qui soulage la mémoire si on se l'approprie. Cette table permet de comprendre visuellement que les multiplications sont commutatives (1 × 2 = 2 × 1).

Inconvénient : L'élève doit comprendre le fonctionnement et s'y retrouver visuellement (support complexe pour les élèves présentant des troubles neurovisuels ou des difficultés spatiales).

Idée 3. Apprendre en utilisant sa voix

But : Utiliser les émotions, le plaisir et la musique pour retenir les tables de multiplication autrement.

Matériel : Des chansons appréciées par les élèves, que l'on peut écouter sans les paroles (version karaoké).

Démarche : Choisir des chansons appréciées par les élèves (cela peut faire l'objet d'un choix en classe). Choisir une table de multiplication à apprendre. Les élèves font alors des propositions de textes (exemple : 3 × 2 = 6 → « au marché j'ai acheté trois fois deux saucisses car trois fois deux font six »). Les meilleures propositions sont gardées et les élèves peuvent les chanter sur la musique de leur choix ou même *a cappella*.

Avantage : Très ludique, permet de faire une activité engageante, motivante et drôle, qui fonctionne très bien pour mémoriser les tables.

Inconvénient : Demande du temps, de la créativité et le rendu musical final est incertain.

Regards croisés
Zoom sur... la neuropsychologie

1. Qu'est-ce que la neuropsychologie ?

La neuropsychologie est une spécialisation de la psychologie clinique. Comme son nom l'indique, elle est au carrefour de la psychologie et de la neurologie. Elle permet de mettre en lien le fonctionnement du cerveau et les fonctions cognitives.
L'expertise du neuropsychologue est une clé, car elle permet de préciser le profil des élèves souffrant de troubles spécifiques des apprentissages en posant un diagnostic différentiel.

2. Pourquoi envisager un bilan neuropsychologique pour l'élève dyscalculique ?

Le neuropsychologue œuvre à la pose d'un diagnostic précis grâce à ses observations cliniques et à des tests précis. Il peut également s'appuyer sur des bilans thérapeutiques déjà réalisés (exemple : bilan orthophonique).
Des difficultés en calcul et en mathématiques peuvent être la conséquence de maux plus globaux (exemple : retard cognitif) ou plus spécifiques (exemple : dyscalculie). L'expertise du neuropsychologue permet d'établir un diagnostic différentiel, et d'attester, ou non, de la présence d'un trouble.

3. Quel est le but d'un bilan neuropsychologique ?

A. Prévenir et dépister
Le dépistage précoce, chez un enfant qui présente des atypies de fonctionnement, permet de minimiser l'impact d'un éventuel trouble dans sa vie, d'anticiper les problématiques et de répondre au mieux à ses besoins.

B. Évaluer et diagnostiquer
Une évaluation neuropsychologique aboutit à la pose d'un diagnostic. Elle apporte un regard précis sur les problématiques de l'élève et permet de connaître les causes de ses difficultés (à l'école, mais aussi dans sa vie de tous les jours) et de mieux comprendre son fonctionnement.

C. Remédier et informer
Le bilan permet de mettre en évidence les causes des difficultés, et donc de réfléchir aux solutions possibles :
• Suivi(s) thérapeutique(s) (exemple : neuropsychologique, ergothérapique, orthophonique...).
• Conseils et ressources pour les parents et les enseignants.
• Aménagements en classe adaptés aux besoins de l'élève.

4. Comment se déroule le bilan neuropsychologique ?

A. Étape 1 : l'entretien initial

Le neuropsychologue rencontre l'enfant et ses parents lors d'un premier entretien. Au travers d'échanges et de questions, il retrace le parcours de l'enfant au niveau développemental, social, scolaire et médical. Il cherche à comprendre et à appréhender au mieux la réalité passée et présente de l'enfant.

B. Étape 2 : les tests

Le neuropsychologue fait passer des tests spécifiques à l'enfant afin d'évaluer :

- **L'efficience intellectuelle :** un élève avec un trouble spécifique de l'apprentissage présente un quotient intellectuel qui est dans la moyenne.
- **Les fonctions cognitives :** l'attention, la concentration, les mémoires, le raisonnement, la vitesse de traitement, le langage et les fonctions exécutives. Cet examen est indispensable pour mieux comprendre le fonctionnement cognitif de l'élève. Il permet également d'orienter la prise en charge et de mettre en place des aménagements adaptés en classe.
- **La sphère émotionnelle et affective de l'enfant et ses habilités sociales :** un élève présentant des difficultés d'apprentissage peut parfois être en souffrance émotionnelle. Il est important d'essayer d'évaluer la cause et la conséquence des difficultés.

C. Étape 3 : la restitution de bilan

Le neuropsychologue rédige un rapport de bilan en détaillant et en expliquant les résultats des tests. Il y joint également ses observations cliniques et ses conclusions. Durant un entretien avec la famille, il prendra le temps d'expliquer à l'enfant et aux parents ses conclusions.

Le neuropsychologue est habilité à poser des diagnostics. Il accompagne et aiguille l'entourage de l'enfant au travers de solutions (exemple : mise en place d'un suivi thérapeutique) et de conseils (exemple : aménagements en classe).

5. Qu'est-ce que la rééducation neuropsychologique ?

À la suite de son bilan, le neuropsychologue peut proposer des séances de remédiation pour aider l'enfant « dys » à entraîner son attention, sa mémoire, ses fonctions exécutives... Ce type de suivi est particulièrement préconisé quand l'élève souffre de difficultés cognitives associées à son trouble « dys ».

6. Enseignants, que pouvez-vous faire avec un élève dyscalculique ?

A. L'art de faire des erreurs (et non des fautes)

Il est important de différencier faute et erreur. Ce sont souvent nos erreurs qui nous permettent d'apprendre. Si elles sont sanctionnées ou assimilées à des fautes (quelque chose de négatif), nous ne nous sentons plus libres d'essayer ni de prendre le risque de nous tromper.

C'est d'autant plus vrai que les élèves souffrant de troubles spécifiques des apprentissages sont très conscients de leurs difficultés, et souvent cela finit par les inhiber, les révolter ou les décourager. Afin d'éviter un décrochage, il est important d'expliquer à l'élève le côté essentiel des erreurs, et de différencier clairement celles-ci des fautes. Vous pouvez souligner les réussites en optant par exemple pour une notation positive (on note le nombre de réussites et non le nombre de fautes). Cela aidera votre élève à orienter son regard sur ses capacités, sur ce qu'il a compris et sait faire. Ainsi, vous créez un cadre bienveillant dans lequel vous prenez soin de lui et de son estime.

B. Le drill (rituel mathématique)

Certaines procédures de base, notamment en calculs, gagnent à être entraînées et revues très régulièrement afin que l'élève les automatise. N'hésitez pas à préparer un programme d'entraînement quotidien, puis à revenir plusieurs mois après sur les mêmes notions pour voir ce qu'il en reste (les acquis sont-ils maintenus et stabilisés ?).

C. Manipuler dès que possible

Les élèves, *a fortiori* les enfants dyscalculiques, ont besoin de manipuler pour s'approprier des concepts abstraits. Expérimenter, essayer, se tromper font partie intégrante de la compréhension des mathématiques. Ainsi, c'est l'élève qui va cheminer et construire son propre raisonnement (d'où l'importance de laisser l'élève manipuler autant que besoin).

Quel est le prix d'un bilan neuropsychologique ?

Un bilan de 2 à 4 heures : le prix est très variable. Il peut aller de 250 à 800 euros.

La séance de remédiation de 45 à 90 minutes : de 60 à 150 euros.

Est-ce pris en charge ? La sécurité sociale ne propose pas de remboursement. Certaines mutuelles prennent à leur charge une partie ou la totalité des séances.

7. Trois exemples de situations sensibles pour l'élève dyscalculique

A. Gérer de l'argent

Savoir gérer de l'argent, c'est jongler avec plusieurs compétences annexes comme se représenter une quantité, comprendre les valeurs, pouvoir comparer, et bien sûr pouvoir réaliser des calculs. Il faut également se détacher de la représentation visuelle (exemple : ce n'est pas parce que c'est la pièce la plus grande que c'est celle qui a le plus de valeur). Rendre la monnaie est donc une activité multitâche.

→ **Le plus de l'enseignant :** se familiariser avec la monnaie très progressivement.

B. Comprendre et apprendre à utiliser les termes mathématiques de la vie courante

Dès le plus jeune âge, on observe chez l'élève dyscalculique des difficultés avec les termes mathématiques de la vie de tous les jours (exemples : tu en veux plus ? Tu as mis trop de peinture ? Tu peux en ajouter ? Donnes-en autant à ton voisin). Cela peut l'amener à ne pas comprendre certaines situations sociales.

→ **Le plus de l'enseignant :** éviter d'utiliser ces termes dans les consignes.

C. Gérer les outils mathématiques

L'élève dyscalculique est souvent gêné avec la gestion de tous les instruments mathématiques (exemple : oublis). Il est important d'entraîner la compréhension et l'utilisation de chaque instrument mathématique (compas, règle, rapporteur...)

→ **Le plus de l'enseignant :** le thaMographe® est un outil tout-en-un qui peut soulager l'élève dyscalculique au niveau organisationnel.

CHAPITRE 4

La dysphasie

Trouble développemental du langage oral

❶ Comprendre la dysphasie **85**

1. Repères de développement du langage oral 85
2. Qu'est-ce que la dysphasie ? 87
3. Les marqueurs de dysphasie 88
4. Les signaux d'alerte 88
5. Les parents observent 89

❷ La dysphasie en classe **90**

1. Exemples de difficultés en classe : comment réagir ? 90
2. Enseignants, que pouvez-vous faire ? 91
3. Vers quel professionnel orienter son élève ? 92

Cas pratique 93

Fiche pratique 95

Regards croisés : zoom sur... la psychomotricité 98

1

Comprendre la dysphasie

1. Repères de développement du langage oral

Pour mieux comprendre ce qu'est un trouble développemental du langage, revenons sur le développement ordinaire du langage oral chez l'enfant. On distingue deux versants au langage.

A. L'aspect réceptif (ce que je comprends lorsque l'on me parle)

Le versant réceptif du langage (la compréhension) se développe en premier. Le bébé comprend, analyse, met en lien avant de pouvoir mettre en mots.

Voici quelques repères dans l'évolution de la compréhension.

Dès la naissance	**Le nouveau-né réagit à son entourage, il peut, identifier d'où vient un son et percevoir des différences sonores (fréquences, intensité, durée, rythme).**
Entre 2 et 6 mois	**Le bébé sourit aux voix familières, peut différencier les voix des bruits, mais aussi distinguer les voix masculines des féminines. Petit à petit, le nourrisson enregistre les intonations et le rythme des échanges qui sont spécifiques à sa langue maternelle.**
Entre 6 et 12 mois	**Des schémas de communication se mettent en place et œuvrent à développer la compréhension :** **• Signal des parents (exemple : le parent propose à son enfant de dire bonjour à la nounou : « tu dis bonjour à Marie ? »).** **• Réponse gestuelle et verbale de l'enfant (geste + son).** **• Contentement des parents devant l'acte réussi (renforce la liaison entre geste et parole → instaure la compréhension du rituel du bonjour).**
Fin de la 1re année	**L'enfant peut différencier des mots proches (exemple : pain/bain).**

B. L'aspect expressif (ce que je dis, ce que j'exprime, ou la mise en place de la parole)
L'acte de produire des mots est complexe puisqu'il mobilise à lui seul plusieurs centaines d'événements neuromusculaires. Cet enchaînement et cette coordination de mouvements doivent être programmés et s'organiser dans certaines zones cérébrales spécifiques dédiées à cela dans notre hémisphère gauche.

Voici quelques points de repère sur le développement du langage oral.

Le stade prélinguistique

De la naissance à 4 mois	Le bébé produit des cris qui, petit à petit, se spécifient en fonction de ses besoins et de leurs causes (inconfort, faim, peur...). Jusqu'à 4 mois, le nourrisson peut aussi produire des gargouillements, bêlements ou roucoulements.
Vers 3-4 mois	On observe le début du babillage. Le bébé a plaisir à jouer avec sa voix, il gazouille.
Vers 6 mois	C'est le stade de la lallation. L'enfant répète des syllabes (exemples : baba, dada...).

Le stade linguistique

Vers 1 an	À cet âge, le petit enfant commence à produire des mots isolés (exemples : pain, maman, papa, encore...).
Vers 18 mois	C'est le stade des préphrases. L'enfant commence à juxtaposer deux ou trois mots (exemple : donne pain).
Vers 2 ans	L'enfant a envie de parler avec son entourage. Son langage commence à devenir plus conforme à celui des adultes. On observe régulièrement des déformations articulatoires (exemple : le crain pour le train).
Entre 2 et 3 ans	Le vocabulaire s'enrichit et se développe. L'articulation se précise.
À partir de 4 ans	Le langage oral se stabilise. Tous les sons doivent être correctement produits (en dehors de /ch/, /j/, /s/, /z/, /r/, /l/ qui peuvent être un peu plus longs à acquérir).

L'enfant anciennement nommé « dysphasique » manifeste dès la petite enfance des difficultés d'expression et/ou de compréhension. Il est possible d'observer un décalage entre expression et compréhension (exemple : un enfant qui comprend très bien, mais ne s'exprime pas ou peu).

Souffrir d'un trouble développemental du langage oral, c'est un peu comme être dans un pays où l'on ne parlerait pas la langue, et ce de manière constante. C'est comme rester étranger à sa propre langue.

2. Qu'est-ce que la dysphasie ?

La dysphasie ou le trouble développemental du langage est une pathologie primaire, spécifique et durable de l'acquisition du langage oral.

Primaire car elle ne peut être attribuée à un quelconque autre déficit (sensoriel, perceptif, intellectuel ou affectif).

Spécifique car elle ne touche que la sphère langagière.

Durable car elle persiste dans le temps malgré le travail rééducatif.

Les processus sous-jacents au développement du langage oral peinent à s'installer et à s'automatiser. Ils persistent dans le temps et à divers degrés : la personne dite « dysphasique » peut rester marquée par son trouble initial toute sa vie.
On ne différencie plus le retard de langage de la dysphasie parce que le terme a été repensé. La frontière entre les deux était beaucoup trop fine et pas assez franche, ce qui amenait les professionnels à être en désaccord et à ne plus savoir quand poser un diagnostic de retard de langage ou de dysphasie.
De même, on ne classe plus les dysphasies par type. On préférera observer et noter :

• **Le contexte :** âge de l'enfant, antécédents familiaux, etc.
Les domaines déficients tant en expression qu'en compréhension :
- La phonologie (les sons).
- Le lexique (le vocabulaire).
- La morphosyntaxe (construire une phrase grammaticalement correcte).
- La sémantique (l'analyse du sens des mots hors contexte).
- La pragmatique (l'analyse du sens des mots dans un contexte donné).

• **Le degré de sévérité du trouble.**

• **La persistance du trouble** : il est difficile, avant 5 ans, d'attester d'un trouble. On parlera plus de difficultés de langage (que l'on appelait jadis « retard »).

3. Les marqueurs de dysphasie

A. Au niveau de la compréhension

• Des difficultés à prendre en compte le contexte (exemple : peux-tu me donner le sel ? Oui je le peux, mais ne le fais pas).
• Des difficultés à comprendre tout concept abstrait (exemple : les jours de la semaine).

• Ne comprend pas les expressions ou les métaphores (exemple : il pleut des cordes).
• Ne comprend pas certaines structures morphosyntaxiques (exemple : la voix passive : le camion est poussé par la voiture → montre le camion, pousse la voiture).

B. Au niveau de l'expression

• N'initie pas la prise de parole (exemple : hypospontanéité, impression qu'il faut aller chercher les informations).
• A tendance à manquer de mots (exemple : temps de latence pour trouver un mot, l'ébauche orale peut l'aider).
• Peut confondre des mots ayant plusieurs sens (exemple : orange → fruit/couleur).
• Peut confondre les mots proches (exemple : chameau/chapeau).
• Des difficultés à choisir le bon déterminant (exemple : la bain/le table).
• Ne conjugue pas ou mal les verbes dans les phrases (exemple : manger gâteau maman pour j'ai mangé du gâteau avec maman).
• Des difficultés articulatoires persistantes (la répétition n'aide pas).
• Des complexifications articulatoires (exemple : trijama pour pyjama).

4. Les signaux d'alerte

A. En maternelle

• Des difficultés de compréhension importantes.
• Un langage pas ou peu présent.
• Est inintelligible : on ne comprend pas quand l'enfant parle.
• S'exprime par mot isolé (exemple : faim, manger pour j'ai faim, j'aimerais manger).
• Des difficultés pour retenir une comptine.
• Une pauvreté du vocabulaire.
• Des difficultés à organiser sa pensée et son langage.
• N'utilise pas le « je ».
• Des difficultés à imaginer des histoires, à créer des scénarios quand il joue.
• Parfois des troubles comportementaux.

B. En élémentaire

• Des difficultés à différencier les sons proches.
• Une mémoire verbale défaillante.
• Une conscience phonologique très faible.
• Se repère mal dans le temps et dans l'espace.
• Des récits oraux et écrits pauvres.
• Un vocabulaire qui manque de précision (utilise souvent des termes génériques).
• Des troubles de l'articulation persistants.
• Construit des phrases qui ne sont pas toujours correctes grammaticalement.
• Peine à répéter des mots longs, nouveaux ou complexes
• N'accède pas ou peu aux concepts abstraits

5. Les parents observent

- Un bébé qui babille peu.
- Un retard conséquent dans l'apparition des mots.
- Un langage peu voire pas intelligible à l'entrée en maternelle.
- Un décalage entre la compréhension et l'expression.
- Un enfant qui compense avec sa gestuelle et ses mimiques.
- Un enfant qui recherche l'échange et communique volontiers.
- Des difficultés pour se concentrer.
- Une fatigabilité importante.
- Parfois de l'énurésie.
- Parfois des troubles du comportement.

L'élève sera peut-être amené à subir des examens dans des centres référents du langage pour la pose du diagnostic.

2

La dysphasie en classe

La dysphasie peut impacter toutes les dimensions du langage. La compréhension, l'expression, mais aussi l'élaboration et la structuration d'un récit.
Les difficultés de langage infusent dans d'autres domaines, mais n'affectent pas l'intelligence de l'enfant. Le jeune dysphasique a donc un bon potentiel cognitif, mais le poids de sa dysphasie peut tocuher de nombreux champs scolaires.
Les symptômes peuvent être criants (expression difficile, inintelligibilité…) ou beaucoup plus insidieux (trouble de la compréhension fine, difficultés réceptives masquées…).
Avoir une connaissance de ce trouble permet d'affiner son regard, de comprendre et se mettre en alerte au bon moment.

1. Exemples de difficultés en classe : comment réagir ?

Repérer les difficultés, les comprendre et proposer des réponses est essentiel pour soutenir l'élève sur son chemin de vie scolaire.

L'élève présente :	Que proposer ?
Des troubles du comportement Il n'est pas rare que certains enfants manquant de ressources langagières développent des troubles du comportement.	Ritualisez pour rassurer. Les repères permettront de diminuer l'angoisse de l'élève. Un cadre ferme mais bienveillant l'aidera à se tranquilliser.
Des difficultés à écrire phonétiquement juste Afin d'écrire juste d'un point de vue phonétique, il est nécessaire de connaître les correspondances phonético-graphémiques (à tel son correspond telle graphie). Souvent, le code alphabétique de l'élève dysorthographique est lacunaire.	N'hésitez pas à utiliser tous les sens des mots pour retenir les graphies : le toucher (écrire les sons dans un bac de sable, sur la paume de la main…) la vue (exemple : réaliser un dessin autour de la graphie pour s'en souvenir), le corps (exemple : mettre des graphies au sol, les enfants doivent aller sur le son qui correspond le plus vite possible), l'ouïe (exemple : écouter un son en fermant les yeux puis montrer sur une feuille le son correspondant).

Des difficultés d'attention et de concentration Très souvent en double tâche, l'élève dysphasique peut avoir des difficultés à maintenir son attention.	Lorsque vous avez besoin de l'attention de votre élève, manifestez-le gestuellement (un signe, une main sur l'épaule…). N'hésitez pas à être redondant. Illustrez la parole avec des gestes, des dessins et/ou des pictogrammes.
Un langage non intelligible Il se peut que votre élève soit difficilement intelligible et donc qu'on ne le comprenne pas toujours lorsqu'il s'exprime.	Ne le faites pas répéter ! Offrez-lui d'autres supports d'expression (exemples : le geste, les pictogrammes…).
Des difficultés de compréhension On observe très souvent un temps de latence entre l'énoncé de la consigne et sa compréhension. Si les informations sont trop nombreuses ou si cela va trop vite, l'élève peut se perdre.	Une consigne, c'est une information. N'hésitez pas à reformuler, répétez et approchez-vous de votre élève pour vous assurer qu'il suit et qu'il comprend.

2. Enseignants, que pouvez-vous faire ?

A. Au niveau de la compréhension

• **S'assurer que l'élève écoute.** Il s'agit d'obtenir son attention soit en nommant l'enfant, soit par le contact (physique ou visuel), soit en utilisant l'emphase (exagérer le message, mimer, jouer sur l'intonation…).

• **Alléger le message.** On donne souvent trop d'informations aux enfants en même temps. Il s'agit d'épurer et de concentrer le message aux éléments-clés pour l'élève dysphasique : une consigne à la fois.

• **Adapter les consignes.** Le vocabulaire doit être simple et connu de l'enfant, le débit de parole lent. N'hésitez pas à illustrer les consignes avec des objets ou des images. Dessinez, gestualisez, écrivez pour laisser une trace de votre message.

• **Être redondant** en répétant plusieurs fois la consigne ou simplement les éléments-clés (exemple : « chaussons » plutôt que « allez mettre vos chaussons »).

• **S'assurer de la compréhension verbale de l'enfant**. L'élève a-t-il compris ? Le faire reformuler avec ses mots et l'interroger permettent de voir s'il a pu s'approprier le message.

B. Au niveau de l'expression

• **Utiliser des supports de communication**. Les pictogrammes peuvent permettre à l'élève d'exprimer ce qu'il n'arrive pas toujours à prononcer. Il se peut qu'il en ait déjà mis en place avec son orthophoniste. Il ne faut pas hésiter à les utiliser.

• **Observer l'élève.** S'il a tendance à mimer ou à montrer pour combler ses lacunes orales, laissez-le utiliser sa compensation tout en verbalisant pour lui. Cela lui permettra de savoir que vous l'avez compris et vous lui donnerez un retour verbal sur sa production lacunaire.

• **Jouer avec la phonologie**. Comme il est peu sensible aux variations phonologiques et aux différences entre les sons, un entraînement de la conscience phonologique régulier aidera l'enfant dysphasique à l'oral mais aussi à l'écrit.

• **Lui apprendre à communiquer l'essentiel**. L'élève dysphasique peut parfois avoir des difficultés à organiser sa pensée et se perdre. Aidez-le à décomposer sa pensée, en reformulant (exemple : donc ce que tu aimerais, c'est...), en faisant des propositions (exemple : tu aimerais cela ou cela ?).

QUESTION D'ENSEIGNANT

Où dois-je placer l'élève dysphasique dans ma classe ?

Très souvent dispersé ou fatigué, l'élève dysphasique aura tendance à être happé par les stimuli extérieurs. Dans l'idéal, il faudrait placer l'élève loin des sources sonores (porte et fenêtres) et à proximité de l'enseignant qui devra régulièrement être en interaction avec lui.

3. Vers quel professionnel orienter son élève ?

En priorité chez l'orthophoniste. Puis, suivant les cas, il convient de faire réaliser des bilans complémentaires chez différents spécialistes : psychomotricien, psychologue, neuropsychologue, ergothérapeute...
L'élève sera peut-être amené à subir des examens dans des centres référents du langage pour la pose du diagnostic.

Cas pratique

Mathilde, 8 ans, CE2

« Je n'aime pas parler. Moi, les mots, ils ne viennent pas dans ma tête et c'est vraiment fatigant de les chercher ».

L'enseignant remarque :

- **Les consignes longues sont souvent incomprises.**
- **Mathilde est peu spontanée dans ses prises de parole.**
- **Les activités phonologiques sont complexes (découper un mot en sons, trouver des rimes…).**
- **Les mots nouveaux ou complexes sont difficiles à retenir et à répéter (exemple : aéroport, agriculteur…).**
- **Mathilde a des difficultés d'articulation persistantes.**
- **Elle fait souvent des erreurs dans la construction des phrases (exemple : je m'assir là).**
- **Son vocabulaire manque de précision (exemple : maman a changé la lampe pour maman a changé l'ampoule).**
- **Elle présente des difficultés en raisonnement mathématique.**
- **Elle montre une grande fatigabilité.**

Les parents expliquent que :

- **Mathilde a parlé très tard (pas de langage à l'entrée en maternelle).**
- **Ils ne comprennent pas toujours ce qu'elle dit s'ils n'ont pas le contexte pour suppléer.**
- **Mathilde a du mal à retenir les prénoms de ses camarades (même ceux qu'elle aime bien).**
- **Leur fille utilise beaucoup de gestes et mimes pour compléter ses productions orales.**

Que pourrait proposer l'enseignant aux parents ?

• Noter les acquis au fur et à mesure de l'évolution de leur enfant : les difficultés qui restent et celles qui sont derrière.

• La dysphasie est encore méconnue, les parents peuvent réaliser une petite fiche explicative (avec les points clés concernant leur enfant) qu'ils pourront donner aux différents professionnels rencontrés par leur fille. Entre autres, cela leur évitera de réexpliquer la situation à chaque rentrée.

• Expliquer ce qu'est la dysphasie autour d'eux. Cela permet à l'entourage de l'enfant de mieux comprendre certains agissements de Mathilde et d'éviter de grossiers amalgames (exemple : intelligence et expression verbale).

Que pourrait proposer l'enseignant à Mathilde ?

• Un maximum de supports visuels.

• Supporter la prise de parole de l'enfant (ne pas la faire répéter ou l'aider en reformulant par exemple).

• Si Mathilde peine à trouver un mot, l'aider en faisant une ébauche verbale (exemple : le mou… → le mouton).

• Préférer les consignes simples et courtes : une consigne = une information à traiter.

• S'assurer que Mathilde ait compris, la faire reformuler pour savoir exactement ce qu'elle a saisi.

Fiche pratique

Comment aider mon élève dysphasique en 5 idées ?

Quel est l'objectif de cette fiche ?

Dans la vie, les échanges se font principalement en parlant. C'est le cas aussi dans le milieu scolaire. Or, pour l'élève dysphasique, le langage est ce qui est le plus fragilisé. Cette fiche a pour objectif de donner des idées concrètes pour soutenir autrement l'élève dysphasique en classe.

Idée 1. Utiliser les mains

But : Accompagner et souligner la compréhension et l'expression du langage.

Matériel : Les mains

Démarche : Face aux enfants, gestualiser les mots-clés des consignes.

Avantage : Les gestes permettent de focaliser l'attention des élèves en augmentant leur temps de concentration, ils favorisent une meilleure compréhension des consignes et permettent l'émergence d'images mentales (on sollicite plusieurs canaux sensoriels).

Inconvénient : Demande à l'enseignant un temps d'apprentissage de la langue des signes française (LSF) ou de se former à la méthode Makaton (programme d'aide à la communication reprenant le vocabulaire de base en gestes et pictogrammes).

Idée 2. Utiliser les doigts

But : Différencier les sons entre eux.

Matériel : Les mains et la méthode *Bien lire et aimer lire* de Suzanne Borel-Maisonny (Sylvestre de Sacy, Clothilde. *Bien lire et aimer lire : la méthode phonétique et gestuelle créée par Suzanne Borel-Maisonny*, éditions Bien Lire Cognitia).

Démarche : Utiliser les gestes de Borel-Maisonny dans le cadre quotidien de la classe. Lors d'une dictée, par exemple, il est possible d'offrir aux élèves ce soutien visuel. L'élève dysphasique pourra ainsi plus facilement différencier les sons proches (ce qu'il peine à réaliser lorsqu'il n'a que la modalité auditive).

Avantage : Associer un geste à un son permet une meilleure discrimination des sons proches (exemple : b/p → un geste différent par son) ainsi qu'une meilleure articulation. Cela soutient également l'entrée dans la lecture avec un apprentissage multimodal pour l'élève.

Inconvénient : Demande à l'enseignant un temps d'apprentissage.

Idée 3. À vos pictos !

But : Utiliser des pictogrammes comme un moyen alternatif à la parole.

Démarche : L'utilisation des pictogrammes peut être variée pour l'élève dysphasique. Il est possible de les proposer en supports de compréhension dans les consignes ou dans les lieux de vie (exemple : pour les règles de la classe), ou comme supports d'expression (l'élève peut montrer une émotion qu'il ressent par exemple).

Avantage : Le pictogramme est un facilitateur de compréhension et d'expression. Il permet de les soutenir et de les développer. L'élève dysphasique qui n'est pas à l'aise à l'oral ni à l'écrit (il ne peut écrire de manière fluide) peut utiliser des pictogrammes comme ressource pour soutenir son expression. L'enseignant les utilisera pour aider son élève à comprendre.

Inconvénient : Demande un temps long de préparation

Idée 4. À vos affiches !

But : Proposer des supports de mémorisation. Généralement, l'enfant dysphasique a de bonnes capacités visuelles. Afficher les notions-clés en classe pourra l'amener à s'y référer régulièrement et lui permettra petit à petit de mémoriser.

Démarche : Il existe plusieurs types d'affichage (connaissances, démarches didactiques, règles de vie, productions des élèves). Chaque type a son intérêt, du moment que les informations sont structurées et claires pour les élèves.
- Définir des espaces visuels (un endroit pour les réalisations des élèves, un autre pour les connaissances, etc.). Prendre le temps d'expliquer cela aux élèves.
- Avant d'afficher, débriefer avec les élèves. Ce qui est évident pour l'un ne l'est pas forcément pour l'autre.
- Apprendre aux élèves à s'y référer.

• Quand on remplace une affiche, on en garde une trace dans un classeur personnel auquel l'enfant pourra se référer (il est important de garder les affiches, car l'élève y aura pris des repères visuels).

Avantage : Permet aux élèves d'avoir toujours sous les yeux certaines notions-clés.

Inconvénient : Il peut y avoir une surcharge visuelle dans la classe. Il est primordial de garder de la clarté et un espace de travail qui ne soit pas trop saturé. Pour éviter cet écueil, il est possible de changer régulièrement les affiches et de créer un classeur à disposition de l'enfant avec les mémos des anciens affichages.

Idée 5. Utiliser le toucher

But : Utiliser le toucher pour développer des représentations et apprendre autrement que par l'oral. Le moyen de transmission privilégié est le langage en classe. Les consignes sont données majoritairement à l'oral. Pour comprendre, il faut voir l'image dans sa tête. Or, l'élève dysphasique peine à construire des représentations mentales.

Matériel : Des objets, des lettres et des chiffres rugueux, des lotos tactiles...

Démarche :
• Découverte : Organiser un loto tactile avec les élèves. Chaque enfant essaye de donner le nom d'un objet qu'il ne voit pas. Il peut seulement le toucher. En cas de difficulté, poser une sélection de photos incluant l'objet recherché à côté pour aider les élèves.
• Avec des lettres : Chaque élève doit retrouver la lettre qu'il touche. Dire son nom et comment elle chante. Puis aller l'écrire dans son cahier à sa table.

• Avec des chiffres : Chaque élève doit retrouver quel chiffre il touche. Dire son nom, aller l'écrire dans son cahier et dessiner la quantité qu'il représente.

Avantage : Développer les compétences de représentations mentales est l'une des clés de voûte des apprentissages. Passer par la voie sensorielle renforce la création d'images et permet à l'élève dysphasique d'accéder à cette compétence plus facilement.

Inconvénient : Matériel à prévoir.

Regards croisés
Zoom sur... la psychomotricité

1. Qu'est-ce que la psychomotricité ?

La psychomotricité s'adresse à tous. Du bébé à la personne âgée, elle permet d'analyser les difficultés émotionnelles, motrices et relationnelles.
Le psychomotricien conduit la personne à prendre conscience de son corps pour mieux le maîtriser. Il prend en compte la personne dans son histoire familiale, émotionnelle, psychique et affective.
Il aborde la rééducation *via* des exercices de motricité fine, globale, de coordination et d'équilibre.

2. Pourquoi envisager la psychomotricité pour l'élève dysphasique ?

Dans de nombreux cas, l'enfant dysphasique présente également des difficultés associées à son trouble au niveau :
- De la latéralisation.
- Du graphisme.
- Du développement psychomoteur.
- Du repérage dans l'espace et dans le temps.
- D'un déficit attentionnel et d'une hyperactivité.
- De l'estime de soi.

Remarquons que le langage s'articule autour de nombreuses compétences sous-jacentes notamment celles citées ci-dessus.
L'intervention en psychomotricité pour l'élève dysphasique suit généralement les étapes suivantes.

Étape 1 : le bilan (sur prescription médicale)
Le psychomotricien rencontre l'enfant et ses parents lors d'un premier entretien au cours duquel il va recueillir des données sur son développement en remontant jusqu'à la période fœtale. Puis il évalue l'enfant, ses forces et ses faiblesses, en lui faisant passer une série de tests. Il établit ensuite un diagnostic dont il discute avec l'enfant et les parents et propose la suite à donner.

Étape 2 : la rééducation ou remédiation
Le psychomotricien soutient l'enfant en l'aidant au niveau émotionnel et corporel. Il lui apprend à dépasser ou à compenser ses difficultés. Son intervention se veut ludique, variée et au plus près des besoins cibles de l'enfant. Il peut proposer un travail individuel ou en groupe.

Étape 3 : la collaboration
Le psychomotricien porte un regard précieux sur le fonctionnement de l'enfant, tant dans sa dimension corporelle et motrice que sur sa sphère émotionnelle et affective. Il est donc une ressource essentielle à la meilleure compréhension du fonctionnement de l'élève. Il peut proposer et réfléchir avec l'enseignant aux aménagements en classe.

3. Enseignants, que pouvez-vous faire avec un élève dysphasique ?

A. Observer
Les difficultés de langage sont souvent ce qui est perçu en premier chez l'enfant dysphasique. Elles peuvent faire écran à d'autres fragilités sous-jacentes. Observez si votre élève présente d'autres difficultés satellites comme décrites dans la section 2. Pourquoi envisager un bilan psychomoteur pour l'élève dysphasique ?.

B. Coordonner
La dysphasie est un trouble complexe dont les contours varient d'un élève à l'autre. Plusieurs thérapeutes risquent de graviter autour de l'élève. Si on coordonne l'approche éducative et thérapeutique, la force de remédiation sera beaucoup plus grande pour l'enfant.

C. Communiquer
Chaque intervenant lit le comportement de l'enfant à travers le prisme de sa spécialité. Là où l'orthophoniste verra une difficulté langagière, peut-être que le psychologue notera un blocage émotionnel. Le sujet n'est pas de savoir qui a raison. Il s'agit de communiquer pour trouver ensemble une solution pour soutenir l'élève en classe et/ou à la maison.

Quel remboursement pour les séances en psychomotricité en France ?

Dans un centre agréé : si les séances se déroulent dans le cadre du centre (exemple : centre médico-psychologique), elles sont entièrement prises en charge.

Dans un cabinet libéral : les séances ne sont pas remboursées.

En cas de dossier MDPH ou auprès de la CPAM : une allocation peut être allouée pour aider à couvrir les frais engendrés par la rééducation.

Et la complémentaire santé ? Certaines complémentaires proposent un remboursement partiel ou total de ces soins. Il convient de se renseigner auprès de chacune d'elles.

4. Trois exemples de situations complexe pour les élèves dysphasiques

A. Se repérer dans le temps
Souvent perdu dans le temps et dans l'espace, l'élève ne met pas de sens sur certaines notions comme hier, demain, aujourd'hui ou à côté, dessous et dessus. Il est difficile pour lui de se repérer et d'ancrer les situations dans le temps ou dans l'espace, et, par conséquent, de planifier, d'anticiper. Cela aura des conséquences tant au niveau de la compréhension que de l'expression, tant à l'oral qu'à l'écrit.

→ Le plus de l'enseignant : utiliser la puissance des routines pour aider l'élève à se repérer et gagner en autonomie :

- Mettre en place des routines simples (avec support visuel).
- Séquencer et planifier les éléments de cette routine.
- Petit à petit augmenter la complexité de la routine.

Accueil	**J'enlève ma veste et je mets mes chaussons**	**Je m'assois à ma table et je sors mes devoirs**	**Je me mets au travail**

B. Écrire et écouter

L'enfant dysphasique a des difficultés de représentations, ce qui peut se répercuter au niveau praxique (exemple : difficulté d'automatisation des gestes). Cela impactera donc son développement moteur et ses apprentissages. Dès lors qu'un geste n'est pas automatisé, il est source de charge attentionnelle. De plus, l'élève dysphasique peut présenter des difficultés d'écriture. Il sera souvent en situation de double, voire de multitâches, et risque rapidement d'être en surcharge.

→ Le plus de l'enseignant : observer quand les élèves sont en train d'écrire et éviter de parler ou de donner des consignes en même temps.

C. Les changements d'emploi du temps

Souvent peu à l'aise avec les codes sociaux, certains enfants dysphasiques peuvent montrer de la résistance aux changements et une forme de maladresse sociale. S'adapter aux situations et aux autres est plus compliqué et ils peuvent se montrer impulsifs.

→ Le plus de l'enseignant : anticiper et prévenir l'élève dysphasique quand des changements surviennent. Porter un regard particulier sur ces moments-là.

CHAPITRE 5

La dyspraxie

Trouble du geste et de la coordination

1 Comprendre la dyspraxie **103**

1. Qu'est-ce qu'une praxie ? 103
2. Repères de développement : la motricité globale 105
3. Qu'est-ce que la dyspraxie ? 106
4. Cinq types de dyspraxie 107
5. Les signaux d'alerte 108
6. Les parents observent 109

2 La dyspraxie en classe **110**

1. Exemples de difficultés en classe selon le type de dyspraxie 110
2. Enseignants, que pouvez-vous faire ? 112
3. Vers quel professionnel orienter son élève ? 114

Cas pratiques 115

Fiches pratiques 118

Regards croisés : zoom sur... l'ergothérapie 123

1

Comprendre la dyspraxie

1. Qu'est-ce qu'une praxie ?

Une praxie est un ensemble de mouvements coordonnés, planifiés volontairement en fonction d'un objectif précis.

ouvre cette bouteille stp

Étape 1 :
une consigne orale est donnée

Étape 2 :
engagement des mouvements volontaires (différents de réflexes)

Étape 3 :
planification de l'action

J'attrape la bouteille - je positionne mes doigts sur le bouchon, je dévisse, je pose le bouchon à côté de la bouteille.

Étape 4 :
coordination des mouvements

Pour réaliser cette action, plusieurs gestes sont engagés et doivent être coordonnés.

Une praxie s'acquiert par expérimentation après un temps plus ou moins long

A. L'acquisition des praxies

Les praxies s'acquièrent par essais-erreurs selon trois phases :

• **La phase d'apprentissage :** apprendre à ouvrir une bouteille seul, par exemple, demande de l'entraînement et ne se réussit pas du premier coup.
→ Cette phase est possible pour l'enfant dyspraxique mais sera beaucoup plus longue que la moyenne.

• **La phase intermédiaire :** il s'agit d'ancrer la compétence. Le mécanisme est compris mais il n'est pas encore rodé. À ce stade, on est souvent lent et malhabile. La tâche demande de l'énergie et de la concentration. On ne peut pas faire autre chose en même temps (exemple : il est possible d'ouvrir la bouteille mais c'est souvent encore maladroit et cela mobilise de l'attention).
→ L'élève dyspraxique reste souvent bloqué à cette étape-là.

• **La phase d'automatisation :** le cerveau a modélisé le processus, le geste est devenu automatique. Il se réalise sans effort, avec précision et efficacité. À ce stade, la double tâche est possible (exemple : il est possible ouvrir la bouteille en discutant).
→ On parle de dyspraxie car l'automatisation de la praxie est difficile voire impossible. Il est important de se rappeler que, pour l'élève dyspraxique, certains gestes ne sont pas automatiques et peuvent le conduire à se retrouver en situation de double tâche, ce qu'il ne pourra pas gérer. Il sera en surcharge cognitive du fait de son incapacité à automatiser l'une des tâches (exemple : écrire et écouter). Il est donc primordial pour l'enseignant de connaître ces situations, de les repérer et de les éviter au maximum.

B. Quelques types de praxies

• **Praxies d'habillage :** boutonner, remonter une fermeture éclair, lacer ses chaussures...
Indispensable pour : l'autonomie de tous les jours.

• **Praxies bucco-faciales** (motricité de la bouche) : tirer la langue, gonfler les joues, faire un bisou...
Indispensable pour : articuler, déglutir...

• **Praxies visuo-spatiales (stratégie du regard) :** suivre des lignes, noter un titre au milieu d'une page...
Indispensable pour : se repérer dans l'espace, faire de la géométrie, reproduire un modèle...

• **Praxies gestuelles** (en lien avec la motricité fine) : ouvrir le couvercle d'un pot de confiture, visser...
Indispensable pour : toute activité impliquant un geste fin (exemple : bricolage, couture...).

• **Praxies constructives** (coordination main-œil) : faire un puzzle, attraper un ballon...
Indispensable pour : le sport, l'écriture.

2. Repères de développement : la motricité globale

In utero à la naissance Une motricité réflexe	**La motricité est avant tout reflexe.** Les réflexes archaïques et primitifs servent à modeler les fonctions à venir. Ils permettent au bébé de respirer, de se nourrir, de se protéger (exemple : toux pour éviter les fausses routes) mais aussi d'apprendre à bouger et à coordonner ses mouvements.
0-6 mois Découverte sensorielle	**On observe une disparition des réflexes au profit d'une motricité avant tout sensorielle. Le bébé est dans la découverte des sens.** - **3 mois :** il apprend à redresser la tête jusqu'à la tenir droite. Le bébé commence de plus en plus à se mouvoir. D'abord de manière involontaire, puis ses actes sont dirigés de plus en plus volontairement. - **4 mois :** rotation latérale du corps, sur le ventre, il peut soulever sa tête dans l'axe de son corps. - **5 mois :** il se retourne du ventre sur le dos et inversement. - **Après 6 mois :** il commence à pouvoir se tenir assis seul.
6-12 mois Découverte motrice	**Le bébé développe des acquisitions en cascade et commence à se mouvoir pleinement dans l'espace. La coordination motrice se développe.** - **7 mois :** il peut prendre un jouet et le passer d'une main à l'autre. - **8 mois :** il applaudit, passe de la position allongée à assise. Il peut ramper. - **9 mois :** il fait du quatre pattes. Il se déplace et découvre l'espace environnant. Il se met debout en s'accrochant aux meubles. - **De 10 à 12 mois :** il se verticalise. Il peut tenir debout, faire quelques pas avec l'aide d'un adulte.
12-18 mois Ouverture au monde	- **À partir de 12 mois :** l'enfant marche seul, il trouve son équilibre dans le mouvement. - **À partir de 14 mois :** il peut manger et boire seul, construire des tours en cubes, taper et lancer un ballon.
18-24 mois Boum moteur	**L'enfant peut courir, monter des escaliers** (en se tenant et en rejoignant les pieds sur chaque marche). Il grimpe et participe à l'habillage et au déshabillage.
2-3 ans Le « faire tout seul »	**L'enfant apprend à monter les escaliers en alternant les pieds. Il peut aussi descendre en se tenant à la rampe.** Il apprend la propreté de jour (la nuit peut se faire simultanément ou prendre un peu plus de temps). Il sait pédaler sur un tricycle et sauter à pieds joints.
3-6 ans Les derniers jalons de l'autonomie	**À ce stade, l'enfant apprend à synchroniser plusieurs actes tout en coordonnant ses mouvements.** Cela lui permet de faire des acquisitions sportives comme le vélo, la natation ou encore le ski. L'enfant peut sauter à cloche-pied, marcher au pas, nouer ses lacets. Il est autonome pour se laver, manger et s'habiller (il peut boutonner ou attacher sa veste). L'élève de 6 ans à l'école peut : utiliser ses ciseaux, coller, écrire son prénom en cursive, souligner, tracer des formes géométriques, ranger ses affaires, mettre ses chaussures et son manteau, faire du sport en collectivité, se moucher seul.

À retenir : Chaque nouvel apprentissage moteur entraîne une succession d'actes qui doivent être :
1. Planifiés.
2. Coordonnés.
3. Organisés.

C'est la **répétition** de cette même séquence qui en entraînera l'automatisation. L'acte est automatique quand sa réalisation est fluide, rapide et dénuée de toute surcharge cognitive et attentionnelle (l'enfant n'a pas besoin de se concentrer).

3. Qu'est-ce que la dyspraxie ?

Un élève dyspraxique est en souffrance dès que sont engagés des gestes volontaires dans :

• **L'aspect sensoriel :** c'est-à-dire quand il s'agit d'organiser et de traiter les informations provenant de la vue, de l'ouïe, de l'odorat, du toucher ou du goût.

Exemple : les enfants dyspraxiques peuvent souffrir d'une hypersensibilité sensorielle qui peut être due aux bruits (exemple : Amine a besoin de mettre un casque antibruit pendant la kermesse car il ne supporte pas le niveau sonore), aux odeurs (exemple : Jocelin ne peut pas aller dans certains rayons du supermarché car il est agressé par certaines odeurs), aux textures (exemple : Maëva ne veut pas manger certains aliments car elle ne supporte pas la matière dans sa bouche), aux lumières (exemple : José a besoin d'avoir des lunettes de soleil toujours sur lui car il ne gère pas l'intensité de la luminosité, ce qui peut rendre la situation très inconfortable).

• **L'aspect spatial et temporel :** le geste se déroule dans l'espace et dans le temps. Une intégration de l'espace et du temps est essentielle pour les apprentissages (exemples : Manuel ne reconnaît pas sa droite de sa gauche ; Mathilde n'arrive pas à reproduire une figure géométrique ; José ne comprend pas la concordance des temps en conjugaison).

• **La coordination :** c'est-à-dire réaliser une séquence d'actions de façon harmonieuse et efficace (exemple : Joseph doit souligner la date dans son cahier ; pour ce faire il doit tenir sa règle d'une main, et le crayon de l'autre ; cette succession d'actes demande de la coordination et elle est très complexe à opérer pour l'élève dyspraxique).

• **La planification :** c'est-à-dire l'organisation d'actions à réaliser efficacement dans un objectif précis (exemple : Damien reçoit l'appel de son ami Mathis qui l'invite à la piscine ; lorsqu'il raccroche, il doit prévoir toute une série d'actions pour être prêt pour cette sortie : que va-t-il mettre dans son sac pour ne rien oublier ? Dans quel ordre va-t-il réaliser ses actions ? Tout cela requiert de la planification).

L'élève dyspraxique est en souffrance dès qu'il s'agit du **« comment faire ? »**. Il peine à s'organiser et à anticiper une action. La succession de gestes est difficile à planifier et ne s'automatise pas ou peu. L'élève doit donc être en contrôle volontaire, ce qui est extrêmement fatigant.

Exemples de situations scolaires complexes pour l'élève dyspraxique : faire un puzzle, faire du sport, aller à la piscine, écrire sur les lignes, remplir un tableau à double entrée, faire de la géométrie, colorier une carte géographique, s'habiller rapidement, tenir un cahier proprement, réaliser des schémas, organiser sa table de travail, découper, coller, suivre le même rythme que le groupe classe...

La dyspraxie est un trouble spécifique des apprentissages. Un enfant dyspraxique gravite dans un environnement non carencé (affectivement et socialement). Il présente une intelligence normale et aucun problème psychologique, neurologique ou sensoriel (vue et audition).

Ce trouble est significatif (il impacte la vie au quotidien) et durable (on n'en guérit pas, mais il peut être compensé grâce à des thérapies spécifiques).

En résumé, l'élève dyspraxique est intelligent et volontaire ; il peut paraître immature mais ne l'est pas. Il peut se montrer rétif aux tâches motrices. Il présente souvent une faible estime de soi, étant confronté à de nombreux échecs au quotidien. C'est souvent un élève intéressé, qui aime parler et donner son point de vue. Il a beaucoup d'imagination et de culture générale (car très souvent curieux).

4. Cinq types de dyspraxie

Type de dyspraxie	Atteintes/difficultés
Dyspraxie visuo-spatiale	Deux atteintes majeures : **1. La vision :** - Trouble neurovisuel. - Absence ou manque de stratégies au niveau de l'exploration visuelle. - Difficulté d'analyse visuelle. - Altération de la coordination main-œil. **2. L'espace :** - Difficulté dès que des notions spatiales interviennent - Pas de repères dans l'espace ni dans le temps - Ne connaît pas sa droite ni sa gauche - Difficulté d'assemblage et de construction
Dyspraxie constructive	- Difficulté d'assemblage et de construction (exemple : puzzle). - Difficulté d'organisation dans l'espace.

Dyspraxie de l'habillage	- Difficulté, voire incapacité à pouvoir boutonner, lacer, remonter les fermetures éclair, nouer une ceinture… - Souvent associée à une autre dyspraxie.
Dyspraxie idéatoire et idéomotrice	- Pas d'atteinte visuo-spatiale. - Trouble moteur de la gestuelle. - Difficulté à réaliser des gestes symboliques ou des mimes. - Peine à réaliser des gestes du quotidien (exemple : couper la viande). - Difficulté de coordination des gestes.
Dyspraxie verbale	- La motricité buccale est touchée. - L'articulation est imprécise. - La déglutition est difficile - Parfois l'enfant peut baver.

5. Les signaux d'alerte

A. Avant l'école

- N'alterne pas ses pieds quand il monte ou descend les escaliers.
- L'enfant est très peu autonome.
- Ne sait pas mettre ses chaussures seul.

B. En maternelle

- Peu, voire pas d'intérêt pour les activités de graphisme.
- N'aime pas le coloriage.
- Difficultés pour utiliser les ciseaux et la colle.
- Le travail est peu précis.
- Difficultés à se repérer dans l'espace et dans le temps.
- N'arrive pas à écrire son prénom (peut y arriver en lettres capitales mais très difficile à faire en lettres cursives).
- Peine à s'arrêter sur une main préférentielle (on ne sait pas s'il est droitier ou gaucher).

C. En élémentaire

- Difficultés d'écriture : copie, lenteur, alignement des lettres… (souvent dysgraphie associée).
- Lenteur et fatigabilité : de multiples gestes communs pour un élève représenteront pour l'enfant dyspraxique une charge accrue de fatigue et de concentration. Il sera donc beaucoup

plus lent et moins efficace. Cela impactera également ses résultats scolaires (souvent en dents de scie).
• Problèmes d'organisation en classe : oublis fréquents, perte du matériel, cahiers mélangés, mal entretenus (feuilles volantes, mal collées…).
• Difficultés spatio-temporelles persistantes.

6. Les parents observent

• Une fatigabilité accrue.
• Une maladresse générale.
• Des blessures fréquentes.
• Maladroit dans les parcours de motricité.
• Besoin d'être accompagné et soutenu.
• Facilement distrait.
• Une faible estime de soi.
• Un enfant souvent instable sur sa chaise (déficit sensoriel).
• Une sensibilité aux bruits environnants.
• Des difficultés d'attention et de mémoire visuelle.
• Des oublis des consignes données oralement.
• Un discours parfois confus (organisation de sa pensée parfois anarchique).
• Un retard dans les apprentissages moteurs (marche, vélo, natation…).
• Des difficultés de coordination (quand il court, quand il descend les escaliers…).
• Une incapacité à sauter à cloche-pied.
• Peu d'autonomie dans les tâches du quotidien (habillage, repas, hygiène…).
• De nombreux oublis et des difficultés d'organisation (il peine à préparer son cartable).
• Un désintérêt pour les jeux de construction.

2

La dyspraxie en classe

1. Exemples de difficultés en classe selon le type de dyspraxie

Il existe plusieurs profils de dyspraxiques. La littérature propose plusieurs classifications, ici nous vous proposons un tableau récapitulatif des difficultés liées aux cinq grands types de dyspraxie.
En pratique, les symptômes se mélangeant parfois, poser le bon diagnostic peut prendre du temps. C'est aidé de bilans précis et de l'observation – notamment des difficultés relevées en classe – que l'on arrive à cerner la problématique d'un élève et à répondre à ses besoins.
En classe, vous pouvez déjà observer un certain nombre d'erreurs, listées dans le tableau ci-dessous.

Dyspraxie visuo-spatiale	- **Écriture :** non fluide, ne suit pas les lignes, lettres inégales, ne s'oriente pas sur sa feuille, ne peut pas remplir un tableau à double entrée... - **Copie :** notamment au tableau (passer du plan horizontal à vertical est très complexe) ? - **Mathématiques :** ne reconnaît pas les formes, peine à poser des calculs, n'aligne pas les chiffres, a des difficultés en géométrie. - **Organisation en classe :** oublie du matériel, laisse traîner ses cahiers, n'est pas structuré... - **Lecture :** en lien avec les difficultés visuelles, peine à développer un stock de mots fixes en mémoire (les yeux ne faisant pas leur travail correctement). La lecture manque de fluidité, on observe des sauts de ligne, des confusions sur les petits mots (le/la/les...).
Dyspraxie constructive	- **Géométrie :** difficulté à reproduire une forme par exemple. - **Écriture :** difficultés à suivre les lignes, mauvaise organisation dans la page. - **Activités manuelles complexes :** couture, bricolage, menuiserie...
Dyspraxie de l'habillage	Peu autonome dans les moments de transition. Souvent en retard pour la récréation. Oublie des vêtements. Mets ses chaussures à l'envers. Se changer pour le sport, notamment pour la piscine, est très complexe. A besoin d'être accompagné.

Dyspraxie idéatoire et idéomotrice	Grande maladresse : est toujours en train de faire tomber des choses. Sa table et ses cahiers sont souvent sales et mal entretenus. L'utilisation des instruments de type ciseaux, compas, règle... est difficile. Difficultés de graphisme. Nombre d'activités sportives sont complexes.
Dyspraxie verbale	Peu intelligible. Met en place des moyens de compensation (exemple : gestes, mimiques...). S'exprime par petites phrases. Fait des efforts importants pour parler. Peut faire des pauses entre des syllabes. On note un décalage entre la compréhension et l'expression.

Trois exemples de situations sensibles pour les enfants dyspraxiques

La récréation

La cour est un grand espace non structuré, très bruyant, très stimulant. Cela peut éprouver l'élève dyspraxique et le fatiguer.

→ **Le plus de l'enseignant :** proposer une alternative à la cour de récréation (exemple : une pièce calme).

Les sorties scolaires

Elles génèrent souvent du stress et de l'anxiété car on sort du cadre connu de la classe où l'élève a pu se créer des repères. L'anticipation de ses sorties, avec des explications claires et visuelles du déroulé, permet de diminuer l'appréhension. L'enseignant doit réfléchir en amont aux contraintes pratiques de l'élève (exemple : l'autonomie durant le pique-nique). Cela permet de devancer et parfois de résoudre les problématiques liées à la sortie.

→ **Le plus de l'enseignant :** s'il y a des notes à prendre, proposer des binômes avec un seul élève qui écrit.

L'éducation physique

Le sport est un défi pour l'élève dyspraxique, tant pour les activités sportives en elles-mêmes que pour la logistique (exemples : se changer à la piscine, ne pas oublier ses affaires...). Les objectifs à atteindre peuvent être adaptés (exemple : une réflexion autour des adaptations sportives peut être menée en partenariat avec l'ergothérapeute).

→ **Le plus de l'enseignant :** proposer aux parents de laisser à l'école une tenue de rechange (en cas d'oubli, l'élève sait qu'il a un trousseau de change en classe).

2. Enseignants, que pouvez-vous faire ?

A. De manière générale

- Communiquer avec votre classe sur la dyspraxie.
- Être tolérant sur les oublis, les chutes (d'objets par exemple) et le manque de soin et d'organisation.
- Proposer des routines et des procédures explicites.
- Encourager, valoriser l'élève.
- Inciter à l'autonomie par des petits actes (lui donner des responsabilités dans la classe).
- Mettre en place des binômes pour l'aider à ranger ses affaires et s'organiser.
- Accepter la lenteur d'exécution et de mise à la tâche.
- Penser à instaurer des pauses régulières.
- Éviter la copie (pour les plus âgés : accepter que l'élève prenne en photo le tableau avec son smartphone).
- Faire une demande d'aide « humaine » (AESH/AVS) pour soutenir l'élève et l'enseignant dans les différents aménagements à prévoir.

→ **Le plus de l'enseignant :** proposer un coussin ergonomique en classe pour aider l'élève à avoir un meilleur contrôle postural et améliorer sa concentration.

B. Pour les évaluations

- S'assurer que l'élève ait la totalité de ses leçons.
- Limiter la quantité d'écrit.
- Ne pas pénaliser le manque de soin.
- Privilégier les examens oraux.
- Offrir un 1/3 temps supplémentaire.
- Comptabiliser une faute une seule fois par dictée.
- Proposer des textes lacunaires.

→ **Le plus de l'enseignant :** mettre une horloge visuelle (de type Time Timer) pour que l'élève voit le temps s'écouler et visualise le temps restant

QUESTION D'ENSEIGNANT

Le redoublement est-il bénéfique pour un élève dyspraxique ?

C'est une question qui fait souvent débat et à laquelle il n'est pas si simple de répondre, puisque chaque cas est unique. La plupart du temps, on envisage le redoublement quand l'élève a besoin de souffler, de rattraper un retard et/ou d'asseoir des bases essentielles pour la suite de sa scolarité.

Forte est la tentation d'envisager cette option chez l'élève dyspraxique puisqu'il existe très souvent un décalage dans les apprentissages avec les autres élèves. De plus, l'élève dyspraxique est beaucoup plus fatigable et plus souvent absent (suivi ergothérapique, orthophonique, orthoptique...). La question est donc tout à fait légitime et parfois cette option est celle à prendre.

Néanmoins il faut garder à l'esprit que le jeune élève dyspraxique va grandir et évoluer avec son trouble de la coordination. Celui-ci va le suivre dans son parcours scolaire. Le faire redoubler n'est donc pas forcément la meilleure option.

Cela peut soulager l'élève, lui permettre de reprendre son souffle, mais cela ne peut être envisagé comme une solution à un trouble DYS. La mise en place d'un programme adapté et régulièrement réévalué lui permettra d'avancer dans sa scolarité.

C. Pour les devoirs

- Diminuer la quantité au profit de la qualité.
- Aider à la mise en place de méthode de révision et d'apprentissage des leçons (personnaliser l'accompagnement au maximum).
- Laisser les parents adapter la quantité de devoirs à réaliser (un cahier de communication avec la famille peut être utilisé).

→ Le plus de l'enseignant : mettre en place un planning de révision au mois – des objectifs de travail à atteindre et le thème des leçons – pour que l'élève ait de la visibilité.

D. En sport

- Adapter les tâches en les simplifiant en matière de rythme et de complexité.
- Décomposer verbalement les éléments des tâches complexes (si possible avec des supports visuels).
- Toujours différencier les équipes par des maillots de couleur.
- Proposer des alternatives si certaines activités sportives s'avèrent impossibles (exemple : arbitrage).

→ Le plus de l'enseignant : proposer aux parents de préparer des tenues faciles à enfiler (par exemple : préférer le velcro aux boutons pour les vêtements et les lacets élastiques ou magnétiques pour les chaussures).

E. En mathématiques

- Limiter les manipulations de petits objets (exemple : jetons).
- Utiliser des feuilles quadrillées pour poser les calculs.
- Autoriser la calculatrice.
- Proposer des aides méthodologiques et des fiches outils.
- Schématiser les problèmes.

→ Le plus de l'enseignant : prévoir des fournitures scolaires ergonomiques (compas adapté, règle antidérapante...).

F. En français

- Proposer des guides de lecture ou laisser l'utilisation du doigt curseur.
- Proposer des dictées aménagées.
- Surligner les textes et les consignes en alternant les couleurs.
- Mettre en évidence les mots-clés dans les consignes.
- Éviter les photocopies recto-verso.
- Grouper les mots par similitude orthographique ou phonologique.

→ Le plus de l'enseignant : enregistrer la dictée pour permettre à l'élève d'aller à son rythme et de réécouter autant que nécessaire.

G. En écriture

- Dédramatiser les situations d'écriture.
- Accepter une qualité d'écriture moindre.
- Lui apprendre à se servir du clavier de l'ordinateur.
- Aménager les outils de travail (exemple : stylo ergonomique, règle antidérapante...).
- Proposer du tutorat (coécriture).

→ Le plus de l'enseignant : proposer des cahiers adaptés avec des lignes légèrement colorées, des ustensiles scolaires ergonomiques et un plan de travail incliné.

H. En histoire-géographie

- Utiliser des frises chronologiques.
- Accepter que les cartes ne soient pas coloriées en entier (juste mettre des points de couleur par exemple).
- Surligner les mots nouveaux.

→ Le plus de l'enseignant : agrandir les cartes.

3. Vers quel professionnel orienter son élève ?

1. L'enseignant se questionne et observe

Plusieurs signaux d'alerte (exemples : maladresse, lenteur, désorganisation...)

↓

2. L'enseignant prend contact avec :

L'INFIRMIER ou LE MÉDECIN SCOLAIRE
pour
Signaler les difficultés de l'élève.
Donner le relais pour qu'il puisse coordonner la situation.

LES PARENTS
pour
Connaître leur vision et en savoir plus sur la vie à la maison.
Les informer des difficultés observées.

3. Enseignants, vous pouvez proposer pour l'élève des bilans chez

↓

L'ERGOTHÉRAPEUTE

Pour évaluer les capacités praxiques et sensorielles.
Pour adapter et aménager l'environnement de l'enfant.

LE PSYCHOMOTRICIEN

Pour évaluer sa motricité, son repérage dans l'espace et le temps, sa sphère émotionnelle.

L'ORTHOPHONISTE

Si difficultés en lien avec le langage écrit ou oral.

LE PSYCHOLOGUE

Pour une évaluation cognitive si souffrance émotionnelle.

L'ORTHOPTISTE

S'il fait des erreurs visuelles, saute des lignes, inverse des lettres...

Cas pratiques

L'ordinateur en classe

Karim, professeur de CM1

« Mathis est dyspraxique », m'a annoncé sa maman à la rentrée. C'était une première pour moi, tout comme la mise en place d'un ordinateur personnel en classe. Comment allais-je intégrer cette nouvelle donne dans ma classe ? Comment allais-je trouver le temps de m'en occuper ? Cela a généré en moi quelques appréhensions, mais aussi de la curiosité et de l'intérêt.

Nous avons organisé une équipe éducative avec les parents, l'ergothérapeute, l'orthophoniste et le médecin scolaire. L'ergothérapeute s'est placé comme le chef d'orchestre de ce projet, il est venu en classe accompagner mon élève. Il m'a également montré comment gérer certains détails pratiques (notamment pour partager les fichiers). L'orthophoniste m'a expliqué le fonctionnement de certains logiciels pour faciliter l'orthographe et la lecture.

J'ai dû adapter un peu ma manière de travailler mais très rapidement, c'est Mathis qui s'est pris en charge. Je garde de cette première expérience un sentiment d'enrichissement et d'émulation positive. »

Joseph, 10 ans, CM2

« En classe, j'ai un ordinateur et je fais tout avec. Il m'aide à lire, à écrire, à faire mes fiches. Au début, c'était difficile mais j'ai appris à taper sur le clavier sans regarder mes doigts et maintenant, c'est devenu mon meilleur ami en classe ! »

*Manon, maman de Sofia, 13 ans, 5e*

« Sofia a toujours eu une relation compliquée avec les aménagements ou les aides compensatoires proposés. Il lui a fallu des mois, voire plusieurs années, pour accepter d'utiliser l'ordinateur en classe. Il était devenu le symbole de sa dyspraxie. Je comprends. C'est difficile d'avoir un fonctionnement atypique. Le jour où Sofia a accepté son ordinateur comme un outil qui pouvait simplement l'aider à révéler son potentiel, j'ai été très émue, car j'ai su qu'un stade d'acceptation venait d'être franchi. »

Pour qui ?

L'ordinateur est envisagé au cas par cas pour tout élève pénalisé par l'utilisation du papier et du crayon. Il est également bénéfique pour compenser les difficultés de lecture, d'orthographe et d'expression orale (*via* l'utilisation de logiciels spécifiques). Il peut être mis en place pour tous les troubles spécifiques des apprentissages (les DYS). La pertinence doit être évaluée en fonction de la situation et du degré du trouble.

Quand ?

L'ordinateur peut être mis en place lorsque « les exigences d'écriture augmentent en quantité, en qualité et en vitesse », ce qui arrive vers le milieu de l'élémentaire. Dans un premier temps, l'enfant devra apprendre à taper sur l'ordinateur, et cela risque d'être coûteux en temps et en énergie. Dans un deuxième temps seulement, il sera plus autonome et bénéficiera pleinement de cet outil.

L'ordinateur vise à rendre l'élève autonome et à le soulager. Plus vite il saura utiliser son outil, plus rapidement l'ordinateur pourra agir comme une compensation efficace.

Comment ?

ÉTAPE 1 : envisager

L'élève est en souffrance par rapport à l'écrit (lecture ou écriture), l'ordinateur apparaît comme une solution.
→ Le plus de l'enseignant : il peut être à l'origine de la proposition, en parler avec les parents et les différents thérapeutes de l'enfant (orthophoniste, psychomotricien, ergothérapeute…).

ÉTAPE 2 : discuter

L'élève reste l'acteur principal de l'efficacité de cet outil. S'il n'est pas moteur dans le projet, le risque est qu'il ne se l'approprie pas ou qu'il n'ose pas le sortir de son cartable.
→ Le plus de l'enseignant : sonder l'élève et l'aider à se projeter, le rassurer sur la possible utilisation de son ordinateur en classe.

ÉTAPE 3 : financer

L'achat de l'ordinateur et du matériel qui l'accompagne est à la charge des familles. Les parents peuvent monter un dossier MDPH afin de faire reconnaître le handicap et essayer d'avoir des aides.
→ Le plus de l'enseignant : s'il existe une enveloppe financière dans l'établissement, il est possible d'acheter du matériel informatique à mettre à disposition des enfants DYS (prêt de matériel individualisé).

QUESTION D'ENSEIGNANT

L'élève doit-il arrêter d'écrire lorsqu'il a un ordinateur en classe ?

Non. Il est important de garder de petites quantités d'écrits pour entretenir les acquis grapho-moteurs. Savoir écrire reste une compétence indispensable de la vie quotidienne. Il est important de maintenir cet acquis.

ÉTAPE 4 : collaborer

Dans la phase de mise en place du matériel, l'enfant doit s'approprier l'outil. Lors de ses séances en ergothérapie, il apprendra à l'utiliser. À la maison, il s'entraînera.
→ Le plus de l'enseignant : proposer à l'élève de commencer à faire ses devoirs sur l'ordinateur à la maison.

ÉTAPE 5 : mettre en place

L'ergothérapeute peut proposer de faire le lien entre l'école et la maison et venir en classe pour parler aux élèves, expliquer ce qu'est la dyspraxie et pourquoi l'ordinateur est important. L'ordinateur devient un outil à part entière pour l'élève.
C'est l'étape la plus importante pour l'enseignant : il s'agit de fournir des documents adaptés à l'enfant *via* une clé USB ou une Dropbox.

Les avantages

- **Rend l'élève plus autonome.**
- **Aide à compenser les difficultés d'organisation, de lecture et d'écriture.**
- **Permet à l'élève de mettre l'énergie au bon endroit (exemple : l'attention sera sur l'acte d'apprendre et non sur celui d'écrire).**
- **Facilite l'autocorrection (relecture possible).**

Les inconvénients

- **Nécessite d'apprendre l'usage du clavier.**
- **La collaboration est nécessaire.**
- **Le handicap est visible.**

Fiche pratique

Comment aider mon élève dyspraxique (et autres DYS) avec 9 solutions numériques ?

Quel est l'objectif de cette fiche ?

L'élève dyspraxique peut avoir besoin de s'équiper au niveau informatique pour être soutenu dans son parcours scolaire.

Dans cette fiche, nous proposons de mettre en lumière neuf solutions numériques intéressantes et utiles.

1 Dys-Vocal (quelques utilisations gratuites puis licence payante)

Dys-Vocal propose quatre fonctionnalités :

Le module Coupe-Mots : il permet d'adapter toute la mise en pages selon les besoins de lecture (espacement, polices, colorisation des syllabes, mise en évidence des sons complexes…). Il suffit de créer un profil qui enregistre les préférences pour adapter à tout moment n'importe quel texte.

Le module SDVocal qui comprend deux fonctionnalités :

- La synthèse vocale : elle permet de lire les textes en plusieurs langues, et possède plusieurs fonctionnalités (paramétrage de la voix, surlignage des mots au fur et à mesure de la lecture, enregistrement pour une lecture ultérieure, épellation des mots, reconnaissance des caractères pour pouvoir lire les documents scannés).

- La reconnaissance vocale : disponible dans 24 langues ; il est possible d'écrire par commande vocale tout comme de commander l'ouverture d'applications ou des recherches.

Le ScribeDico : c'est une fonctionnalité qui propose une liste de mots pour faciliter le bon choix orthographique ainsi que la saisie au clavier.

2 Aidodys (payant)

Aidodys « adapte tous les textes et les rend accessibles où qu'ils soient : documents, pages Web ou livres numériques ». Ce site propose trois formules payantes : pour les particuliers, pour les professionnels de santé et pour les établissements.

3 Dragon (payant)

Il s'agit d'un logiciel de reconnaissance vocale très pointu qui permet d'écrire des paroles dictées. Il exécute également les commandes vocales.
Ce logiciel très précis permet à l'élève dyspraxique de réaliser la majeure partie des tâches par commande vocale.

4 WordQ et SpeakQ (payant)

Ce logiciel est très rapidement pris en main car très intuitif. Il possède une barre d'outils qui s'intègre partout (il fonctionne sur les PDF) et est accessible dans plusieurs langues. Une synthèse vocale et un prédicteur de mots aident l'élève DYS à gagner rapidement en autonomie.

5 3 logiciels gratuits prédicteurs de mots (Chewing word, Dicom, Clavicom) :

Ces logiciels gratuits permettent de réaliser de la prédiction de mots en fonction des premières lettres tapées. Clavicom est un clavier virtuel intégrant un prédicteur de mots.

6 Les logiciels de Médialexie (payant)

Il s'agit de logiciels très performants pour accompagner les enfants DYS dans leurs apprentissages. Ils proposent de nombreuses applications uniques comme :

- Un prédicteur de mots.
- Une dictée vocale.
- Une boîte à outils orthographiques (suggestions orthographiques, grammaticales, sémantiques, correcteur d'orthographe breveté qui corrige les textes même écrits en phonétique, vérificateur qui analyse la précision orthographique dans les textes...).
- Un lecteur à l'aide d'une synthèse vocale (disponible dans plusieurs langues).
- Des outils permettant une mise en pages optimale (syllabation, captures d'écran que l'on peut mettre en forme, cartographies...).
- Une boîte à outils mathématiques.
- Un analyseur permettant d'extraire les concepts et les mots-clés d'un texte.
- Un agenda adapté.
- Un enregistreur (exemple : mémo vocal qui peut être transcrit).

→ **Le plus :** une fonctionnalité permet de créer des contenus pédagogiques (fiches, évaluations...).

Ces logiciels sont très complets et parfaitement adaptés aux élèves dyspraxiques. Seul inconvénient : le coût (jusqu'à 949 euros pour la version bilingue de la Scribe Médialexie).

7

Tap-Touch (payant)

Il s'agit d'un logiciel pour apprendre à taper rapidement au clavier en utilisant ses dix doigts. Tap-touch s'adapte à l'âge (trois modules disponibles : 6-11 ans, 12-16 ans et + de 17 ans).
→ **Le plus :** il existe une édition scolaire.

8

Trois logiciels gratuits pour les mathématiques

• **La trousse Géo Tracé :** elle permet à l'élève de mesurer avec sa souris. Elle se compose d'une règle, d'un rapporteur, d'une équerre, d'un compas et d'un crayon.
• **GeoGebra :** ce logiciel est conçu pour faire de l'algèbre, de la géométrie, des statistiques et des calculs formels.
• **Posop :** à l'aide d'une feuille de calcul préparée (comporte les cases à compléter), l'élève peut poser une opération grâce à un clavier virtuel.
→ **Le plus :** ces logiciels peuvent servir à tous les élèves de la classe.

Un mot sur les stylos scanners

Un stylo scanner est un scanner portable qui convertit le texte écrit à l'aide d'une synthèse vocale. Il est disponible en plusieurs langues.

Sont disponibles dans le commerce le C-PEN (à partir de 259 euros), l'IRISPen (à partir de 99 euros)...

→ **Le plus : le C-PEN est disponible en version examen (sans magnétophone ni dictionnaire intégré)**

9

Deux supports prêts à l'emploi

• **Ector, l'ordinateur clé en mains :** il suit l'élève dans tous ses lieux de vie, de la primaire au lycée. Il propose de nombreuses applications (aide à l'orthographe, la lecture, l'écriture et à la compréhension) pour faciliter la vie scolaire de l'enfant DYS.
• **La solution d'Ordyslexie®:** elle « se compose d'un bloc-notes numérique, intuitif et puissant qui se substitue aux documents papier ».
Le cartable Ordyslexie® comprend :
- Une tablette numérique avec un stylet prête pour l'école.
- OneNote by Ordilexie® + logiciels comme Word, PowerPoint, Skype, Geogebra.
- Un scanner portable.
- Un guide d'utilisation.
- Une housse résistante et une clé USB.
- Un programme de formation.
- Les manuels scolaires de l'élève numérisés.
- Un classeur numérique pour ordonner les cours (sauvegarde automatique).

Fiche pratique

Comment créer un document sur ordinateur adapté à mon élève DYS en 3 étapes ?

Quel est l'objectif de cette fiche ?

Un document adapté visuellement à l'élève DYS peut faire une grande différence pour l'enfant. En effet, en sélectionnant bien certains réglages (police, interlignage...) l'élève en difficulté sera dans des conditions de lecture optimales et verra son apprentissage facilité.

Étape 1. Choisir la typographie

Le choix de la police de caractère est important pour l'élève DYS. Celles sans empattement (sans sérif) sont les plus lisibles (exemples : Arial, Trebuchet MS, Tahoma, Verdana, Comic sans MS, Calibri...).

Il existe des polices spécifiques pour aider les enfants DYS. Il suffit de les télécharger gratuitement (exemples : Lexia, Andika, OpenDyslexic).

Voici quelques exemples de polices à éviter : Times New Roman, Courrier New, Lucida Handwriting...

Étape 2. Aérer la mise en forme

Lorsque vous adaptez ou créez un document afin d'en faciliter la lecture, vous pouvez :

- Augmenter l'interlignage (minimum 1,2 jusqu'à 2).
- Aligner le texte à gauche.
- Augmenter la taille de police (plus l'élève est jeune, plus la taille peut être importante).
- Régler l'espacement des caractères dans un mot.

Les pièges à éviter :

- Justifier le texte.
- Surcharger visuellement.
- Condenser le texte pour qu'il tienne sur une page.

Étape 3. Mettre en évidence les informations importantes

L'élève qui présente un trouble DYS est aidé et soutenu par une mise en évidence des informations-clés. Dans un texte, vous pouvez :

- Mettre en gras.
- Agrandir.
- Varier les couleurs.

→ **Le plus de l'enseignant :** préférer du contenu visuel (exemples : schéma, carte mentale, message audio ou vidéo, graphique...) et numéroter les pages.

Les pièges à éviter :

- Les soulignements.
- Les lettres en capitales.
- Les mots en italique.
- Les tableaux à double entrée.
- Les présentations en colonnes.

Regards croisés
Zoom sur... l'ergothérapie

1. Qu'est-ce que l'ergothérapie ?

L'ergothérapie vise à développer l'autonomie de l'enfant. Elle intervient par la mise en place d'outils d'aides techniques et par une rééducation pour développer les capacités de l'enfant et lui apprendre à compenser ses déficits.

2. Pourquoi envisager l'ergothérapie pour l'élève dyspraxique ?

L'ergothérapeute soutient l'enfant dyspraxique par une rééducation spécifique :
- **Au niveau moteur :** que cela soit dans l'apprentissage de certains gestes (exemple : tenir son crayon) ou dans la coordination (exemple : attraper un ballon).
- **Au niveau visuo-spatial :** pour aider l'enfant à se repérer et à réaliser des apprentissages spatiaux (exemple : géométrie).
- **Au niveau organisationnel dans les tâches quotidiennes et scolaires :** lui donner des stratégies et des outils pour apprendre à organiser les différentes tâches à accomplir.
- **Au niveau compensatoire :** en adaptant sa vie quotidienne et scolaire (exemples : mise en place de l'ordinateur en classe, utilisation du clavier et des logiciels, adaptation du matériel scolaire...).

3. Comment se déroule l'intervention ergothérapeutique pour l'élève dyspraxique ?

Étape 1. Le bilan
L'ergothérapeute observe l'enfant dans plusieurs cadres de vie. Il réalise des tests précis. Il évalue le niveau d'autonomie de l'enfant ainsi que ses capacités sensorielles et motrices.

Étape 2. La rééducation ou remédiation
L'ergothérapeute propose une rééducation spécifique des fonctions déficitaires au niveau moteur, sensoriel et cognitif. Il peut soutenir l'élève en lui apprenant des stratégies de compensation, en adaptant son environnement et le matériel (exemples : code couleur pour l'emploi du temps, ciseaux adaptés...).

Étape 3. La collaboration
L'ergothérapeute est une personne ressource qui peut aller à la rencontre des enseignants, des parents et éventuellement des autres thérapeutes de l'enfant. Il est un lien entre les intervenants et les parents. Il permet d'aider à mieux comprendre ce qu'est la dyspraxie. L'ergothérapeute réfléchit avec l'enseignant à l'adaptation matérielle de la classe.

4. Enseignants, que pouvez-vous faire avec un élève dyspraxique ?

A. Comprendre
Mieux appréhender ce qu'est la dyspraxie de l'enfant permet une meilleure compréhension de son attitude et de ses résultats. Votre regard bienveillant sur sa réalité est un soutien essentiel dans son évolution positive. La vie scolaire en sera fluidifiée.

B. Réfléchir
Il s'agit d'observer l'élève dyspraxique, ce qu'il sait faire, ce qui lui est facile ou plus complexe. Ce recueil de données permettra de cerner les besoins de l'élève au sein de votre classe.

C. Aménager et adapter
L'élève dyspraxique a besoin d'adaptations matérielles et pratiques en classe (exemples : plan incliné sur sa table, ordinateur...).

CHAPITRE 6

La dysgraphie

Trouble spécifique de l'écriture

1 Comprendre la dysgraphie **127**

1. Comment apprend-on à écrire ? 127
2. Repères de développement : la motricité fine 127
3. Repères de développement : la trace graphique 128
4. Qu'est-ce que la dysgraphie ? 130
5. Les signaux d'alerte 131
6. Les parents observent 131

2 La dysgraphie en classe **132**

1. Exemples de difficultés en classe : comment réagir ? 132
2. Enseignants, que pouvez-vous faire ? 133
3. Vers quel professionnel orienter son élève ? 134

Cas pratique 135

Fiche pratique 136

Regards croisés : zoom sur... la graphothérapie 138

La poule

1

Comprendre la dysgraphie

Dans ce chapitre, « écrire » est entendu dans son aspect moteur, et non dans sa forme orthographique.

1. Comment apprend-on à écrire ?

L'apprentissage de l'écriture se fait petit à petit et prend du temps. Il se développe parallèlement à la motricité fine.
Dès l'âge de 18 mois, l'enfant peut commencer à faire des traces graphiques et à apprendre à tenir un crayon. Ce n'est qu'à l'entrée au collège, vers 12 ans, que l'enfant automatise complètement l'acte d'écrire.
L'écriture est acquise quand :
- l'élève n'a plus besoin de mettre de l'attention dans l'acte d'écrire ;
- il est lisible pour lui-même et les autres ;
- sa vitesse de production est suffisante pour suivre le rythme du groupe classe.

2. Repères de développement : la motricité fine

De la naissance à 12 mois	**- 0-3 mois :** le bébé fixe les visages, les mains sont fermées en poings la plupart du temps, il peut saisir un objet de manière involontaire lorsqu'il est à proximité de sa main, la manipulation reste encore très involontaire. **- 3-6 mois :** il porte les objets à la bouche, développe ainsi la motricité buccale, met ses pieds dans sa bouche (exploration de son corps), saisit les objets de manière volontaire. **- 6-12 mois :** la motricité fine se précise, le bébé peut ramasser de petits objets avec le pouce et l'index (développement de la pince), empiler des cubes.

Entre 12 et 36 mois	- **12-18 mois :** l'enfant commence à manger seul, à tourner les pages d'un livre, à donner des objets si on lui demande. - **18-24 mois :** il commence à pouvoir se déshabiller, essaie de mettre ses chaussures. - **24-36 mois :** il peut enfiler des perles sur une tige, essaie d'utiliser des ciseaux, enlève ses vêtements et commence à pouvoir s'habiller.
Entre 3 et 8 ans	- **3-4 ans :** il apprend à boutonner, découper, coller, remplir un verre d'eau, peut s'habiller et se déshabiller seul. - **4-6 ans :** il sait se laver seul, attacher sa veste, sa ceinture. Il peut mettre et débarrasser la table, éplucher, découper et couper ses aliments. → À cet âge, on peut savoir si l'enfant est gaucher ou droitier. - **6-8 ans :** il sait nouer ses lacets, plier ses vêtements, écrire les lettres en majuscules et en cursives ; réalise des activités manuelles (couture, tricot, bricolage…).

3. Repères de développement : la trace graphique

	Stade de préhension	Stade de la trace graphique
Entre 1 et 2 ans **Stade du gribouillage**	**La prise palmaire** L'enfant tient son crayon avec toute sa main, poing fermé. Le bras accompagne le mouvement. Le geste n'est pas précis.	• Fait des mouvements amples non contrôlés qui peuvent dépasser la feuille. • N'a pas de main dominante. • La latéralité pas encore fixée. • Utilise autant la main droite que la main gauche. • Fait des traits, des points. • Prend plaisir à laisser une trace permanente. **Comment stimuler l'enfant ?** Faire de la peinture à doigts, faire des empreintes, varier les instruments scripteurs (feutres à grosse pointe, rouleaux de peinture, craies…), varier les supports (rouleau de papier, sol…).

Entre 2 et 3 ans **La naissance des premières formes**	**Début de la pince, prise digitale incomplète et transitoire** L'enfant prend son crayon par le milieu entre son pouce, son index et son majeur.	• L'œil guide la main. • Le mouvement commence à être contrôlé. • La latéralité n'est pas encore fixée. • Trace des boucles, des cercles non fermés. • Commence à donner du sens à ses productions. **Comment stimuler l'enfant ?** Faire des jeux graphiques, délimiter les traces ou, au contraire, investir l'espace, parler autour des productions, choisir des outils qui ne nécessitent pas de pression.
Entre 4 et 6 ans **La maîtrise du tracé**	**La prise à trois doigts, dite prise tripode** L'enfant prend son crayon entre le pouce et l'index en s'appuyant sur le majeur. Les autres doigts sont repliés. La main est relâchée. La pression sur l'outil est mieux contrôlée, la rigidité s'assouplit avec le temps.	• Apparaissent des dessins figuratifs explicites. • Les débuts de l'écriture s'affinent et se précisent avec le temps (amélioration de la qualité et de la vitesse). • La main dominante est fixée. • S'oriente dans l'espace. • La latéralisation est présente. • Contrôle l'amplitude de ses mouvements. • Peut reproduire des modèles. • Éprouve du plaisir à dessiner. **Comment stimuler l'enfant ?** Proposer des situations variées de graphisme, parler autour des dessins, choisir des outils différents (aquarelles, crayons de couleur, feutres...).

4. Qu'est-ce que la dysgraphie ?

On parle de dysgraphie ou de trouble spécifique de l'écriture lorsque l'on relève un décalage temporel significatif dans l'acquisition de l'écriture et dans l'automatisation du geste graphique.
Écrire est un acte coûteux au niveau attentionnel et fonctionnel. L'enfant présente par ailleurs un niveau intellectuel dans la norme.
La dysgraphie peut s'inscrire dans le cadre d'une dyspraxie, d'une dysorthographie ou/ et d'un haut potentiel.

A. Les différents types de dysgraphies selon Ajuriaguerra

• **Dysgraphie dite « Raide » :** on observe des crispations, des tensions et un tracé irrégulier, anguleux.

• **Dysgraphie dite « Molle » :** on note une mollesse, un relâchement et une négligence dans l'écriture et la mise en pages.

• **Dysgraphie dite « Impulsive » :** on remarque un geste qui se veut rapide, l'écriture est précipitée sans souci de qualité. On relève des saccades et des imprécisions. On peut noter une alternance entre crispations et relâchements.

• **Dysgraphie dite « Maladroite » :** on relève une écriture confuse, désordonnée, avec un graphisme mal proportionné.

• **Dysgraphie dite « Lente et précise » :** on constate une volonté de contrôle et de précision importante, l'élève veut bien faire et soigne son graphisme à outrance. Il est particulièrement lent.

B. Les difficultés qui peuvent impacter l'écriture

• **L'orthographe :** un élève dysorthographique peut montrer des difficultés d'écriture. En effet, en focalisant toute son attention sur le « comment écrire juste », il néglige la qualité de son écriture.
→ **Le plus de l'enseignant :** séparer l'acte « d'écrire bien » de celui « d'écrire juste » afin d'évaluer si l'élève est plus en difficulté au niveau du graphisme, de l'orthographe ou des deux.

• **L'attention et la concentration :** pour se focaliser sur la tâche d'écrire, il faut mobiliser son attention et la concentrer. Un élève souffrant d'un trouble de l'attention, par exemple, pourra se décentrer de l'activité en cours et rendre une copie illisible car il a perdu le fil de ce qu'il devait faire.
→ **Le plus de l'enseignant :** donner de courtes missions d'écriture où le but n'est pas « d'écrire bien » mais de terminer la tâche dans le temps imparti par exemple.

• **La neurovision :** un élève souffrant de troubles neurovisuels sera pénalisé dans son écriture.
→ **Le plus de l'enseignant :** noter des repères avec des couleurs et/ou des gommettes sur la page pour aider l'élève à se repérer.

• **La mémoire de travail :** pour écrire efficacement, il est important de pouvoir garder en mémoire la totalité ou une partie de ce que l'on doit écrire. Une mémoire de travail déficitaire peut donc perturber la qualité de l'écriture.
→ **Le plus de l'enseignant :** éviter de surcharger la mémoire de travail en donnant des informations à l'oral quand les élèves sont en train d'écrire (une tâche à la fois).

5. Les signaux d'alerte

A. En maternelle
• N'est pas à l'aise avec les activités de graphisme.
• Se montre impatient, peu soigné, dans les travaux manuels.
• Peine à tenir les instruments scripteurs correctement.
• A des difficultés à découper, à coller avec précision.
• A de la peine à faire des boucles et des exercices de pré-écriture.
• Éprouve des difficultés à reproduire les lettres.

B. En élémentaire
• Montre une écriture très lente qui peut être douloureuse.
• Éprouve des tensions, des crispations, ou à l'inverse une trop grande mollesse dans la tenue du crayon.
• Rend des documents incomplets.
• N'a pas le temps d'écrire tous ses devoirs.
• Ne finit pas son travail et les interrogations à temps.
• Ne peut pas écouter et écrire en même temps.
• A une écriture illisible, non régulière.
• Se perd dans la feuille, ne repère pas les marges.
• Peine à respecter les espaces entre les lettres et les mots.
• N'écrit pas sur les lignes.
• Confond les lettres majuscules et minuscules, les cursives et les scriptes.

6. Les parents observent

• Des difficultés d'organisation et d'autonomie.
• Peu d'attrait pour le dessin.
• Un enfant qui évite toutes les situations où il faut écrire.
• De l'agacement et de l'énervement pendant les devoirs.
• De la frustration, voire de la colère, quand leur enfant doit écrire.
• Une grande fatigabilité.
• Une faible estime de lui-même.
• Un décalage entre l'oral et l'écrit au niveau grammatical et syntaxique.
• Une anxiété ou une répulsion face à l'acte d'écrire.

2

La dysgraphie en classe

Apprendre à être à l'aise dans son écriture est l'une des premières clés de l'autonomie en classe. Un élève qui sait écrire de manière fonctionnelle peut se concentrer sur l'orthographe ou sur la compréhension de ce qu'il écrit. Il n'est pas happé par l'exercice graphique en lui-même. C'est pourquoi la dysgraphie est un trouble qui peut perturber grandement la vie scolaire et qu'il ne faut nullement négliger. Des solutions peuvent être envisagées pour soulager l'élève dysgraphique.

1. Exemples de difficultés en classe : comment réagir ?

Repérer les difficultés, les comprendre et proposer des réponses est essentiel pour soutenir l'élève sur son chemin de vie scolaire.

L'élève présente des difficultés :	Que proposer ?
De précision L'acte graphique est souvent irrégulier, lent, maladroit, et mobilise une grande énergie chez l'élève dysgraphique. Il est donc souvent imprécis.	Proposez des mandalas à colorier, cela entraînera la précision du geste sur un matériel non scolaire (donc non chargé émotionnellement).
À écrire lisiblement La formation des lettres et la gestion des espaces entre celles-ci sont compliquées. L'élève n'écrit pas bien et n'aime pas écrire.	Le risque est de mettre de côté les activités d'écriture de lettres, or elles sont importantes car les autres activités manuelles ne remplacent pas l'entraînement graphique pur. **Proposez de courtes sessions d'écriture de lettres.** Il est possible d'organiser des petits concours de plume pour encourager et motiver l'élève.

 **D'orthographe** **Bien souvent, l'élève dysgraphique ne peut pas faire deux choses en même temps. Happé par l'acte graphique, il peut oublier des lettres, des accords, car il n'arrive pas à penser aux règles d'orthographe en même temps qu'il écrit.**	**Proposez des dictées à trous.**
 **À prendre des notes** **L'élève dysgraphique est happé par l'acte d'écrire. Il ne peut pas écouter lorsqu'il écrit. La prise de note est donc très complexe, pour certains elle sera même impossible. Certains aménagements devront être prévus.**	**Donnez les cours à l'avance (sur ordinateur, sur papier) ou autorisez à photocopier le cahier** d'un camarade ou à **prendre en photo le tableau.**

2. Enseignants, que pouvez-vous faire ?

A. Diminuer le seuil d'exigence pour le soin et la précision

• Accepter que les feuilles ne soient pas parfaitement découpées ou collées correctement dans les cahiers.
• Observer les progrès d'écriture et les notifier à l'élève.
• Vérifier régulièrement ses cahiers/classeurs.

B. Proposer des binômes

Proposer des binômes avec un lecteur et un scribe. L'élève dysgraphique lit les consignes, les deux membres du binôme réfléchissent aux réponses, puis l'élève dysgraphique dicte les réponses convenues. Ainsi, il y a une répartition des tâches valorisante.

C. Proposer du matériel scolaire adapté

Il existe un panel de matériel spécialisé, adapté aux enfants présentant des difficultés motrices. Cela peut soulager et soutenir l'élève dysgraphique. Discutez avec votre élève qu'il choisisse l'outil scripteur qui lui convient le mieux.

D. Allonger le temps

Tous les exercices « papier-crayon » seront plus fastidieux, plus longs et sources d'une plus grande fatigue pour l'élève dysgraphique. Il est donc essentiel de le prendre en considération et d'aménager en conséquence.

Vous pouvez :
- Offrir un 1/3 temps supplémentaire.
- Découper les exercices, les évaluations en plusieurs parties/sessions.
- Diminuer la quantité d'exercices à réaliser.

QUESTION D'ENSEIGNANT

Est-il bénéfique d'entraîner le graphisme et de faire des lignes de copie de lettres ?

L'écriture est un apprentissage en soi, qui va devenir un outil majeur pour l'élève durant toute sa scolarité. Il est donc indispensable d'avoir acquis une bonne vitesse et une bonne qualité d'écriture. Pour cela, l'élève doit avoir bâti des fondations solides. L'entraînement graphique de la maternelle aux premières années d'élémentaire est indispensable.

Les exercices graphiques sont comme les gammes en musique, il faut les répéter souvent pour monter petit à petit en compétence et en autonomie.

E. Donner des repères visuels d'écriture

Il est possible de créer des guides d'écriture simplement en surlignant avec un feutre jaune les lignes sur lesquelles il faut écrire. Il est possible aussi de coller des gommettes en début et en fin de ligne ou de proposer des cahiers d'écriture adaptés.

3. Vers quel professionnel orienter son élève ?

Vous pouvez diriger votre élève vers un psychomotricien, un ergothérapeute ou un graphothérapeute.

Cas pratique

Anass, 9 ans, CM1

« Je n'aime pas l'école, il faut toujours écrire. Cela me prend trop longtemps et je finis toujours après tout le monde. Parfois la maîtresse doit me garder pendant la récréation pour que je termine. »

L'enseignant remarque :

- Une grande lenteur d'écriture.
- De nombreux soupirs, découragement lors de la copie.
- Beaucoup de fautes d'orthographe alors que les règles sont bien connues.
- Un manque de soin dans les cahiers.
- Une vive intelligence.
- Des résultats irréguliers.
- Une grande fatigabilité.

Les parents expliquent que :

- Anass n'a jamais aimé dessiner.
- Il a toujours refusé de faire du coloriage.
- Il a mis du temps à utiliser les ciseaux correctement.
- Il a eu tendance longtemps à alterner sa main droite et sa main gauche pour écrire.
- Les devoirs sont longs et sources de tension.
- Anass a beaucoup d'imagination.

Que pourrait proposer l'enseignant aux parents ?

- Se diriger vers des professionnels de l'écriture pour évaluer les difficultés d'Anass et proposer une rééducation spécifique si besoin.

Que pourrait proposer l'enseignant à Anass ?

- Offrir un 1/3 temps supplémentaire.
- Faire des dictées à trous.
- Éviter la copie.
- Vérifier avec lui que le contenu des cahiers est complet.
- Souligner régulièrement ses progrès.
- Diminuer le seuil d'exigence, accepter que l'écriture ne soit pas parfaite.
- Diminuer la quantité de devoirs.
- Limiter l'écriture (voire laisser le parent écrire à la place de l'élève).
- Essayer de développer du plaisir autour de l'écrit (exemple : envoyer des cartes postales).
- Définir un temps de travail avec un timer ou un sablier.

Fiche pratique

Comment aider mon élève dysgraphique en 5 idées ?

Quel est l'objectif de cette fiche ?

La dysgraphie n'est pas toujours évidente à accompagner en tant qu'enseignant. Pourtant, elle impacte l'autonomie de l'élève en classe dans nombre de ses apprentissages. Comme cet acte d'écrire n'est pas automatisé, il peut mettre rapidement l'enfant en surcharge. Donner des pistes, des idées aux enseignants pour soutenir leur élève dysgraphique en classe est l'objectif de cette fiche.

Idée 1. Taper au clavier

But : Apprendre à utiliser l'ordinateur et notamment taper au clavier. En effet, une bonne utilisation du clavier aide à pallier les difficultés d'écriture, surtout si elles sont massives. L'ordinateur peut alors devenir un allié de taille (*cf.* chapitre 5 page 101).

Matériel : Ordinateur/Tablette

Démarche : Proposer des séances courtes de dactylographie. Ces séances peuvent être collectives s'il y a plusieurs ordinateurs en classe, ou individuelles sur des temps aménagés pour l'élève. Il existe des programmes ludiques pour apprendre à taper au clavier (*cf.* chapitre 5 page 101).

Idée 2. Utiliser les doigts

But : Préciser son geste moteur en traçant des boucles et des lettres dans le sable, dans la semoule ou dans le sel. Le but est de partir d'un ressenti global pour affiner petit à petit le mouvement.

Matériel : Bac avec du sable, du sel ou de la semoule

Démarche : Disposer des cartes lettres ou des modèles graphiques (exemple : boucle) que l'enfant doit reproduire dans le bac. Il est possible de réaliser les exercices les yeux fermés pour développer la proprioception (perception des mouvements de notre corps). L'enfant réalise son exercice et compare au modèle. Il recommence autant de fois qu'il le désire.

Idée 3. Respirer

But : Apprendre à respirer, à se détendre, est un exercice particulièrement bénéfique pour un élève dysgraphique qui est très souvent dans la tension, la crispation et la frustration.

Matériel : Alarme, sonnerie, réveil...

Démarche :
• Définir une périodicité (exemple : toutes les heures).
• Créer un rappel sous forme de sonnerie.
• Quand l'alarme s'enclenche, le groupe classe s'arrête et, pendant une minute ,tout le monde fait des respirations abdominales amples. Vous pouvez proposer à vos élèves de poser une main dans le dos et une sur le ventre, d'inspirer par le nez en gonflant le ventre comme un gros ballon, puis de souffler fortement par la bouche en vidant le ballon le plus possible, jusqu'à ce que le ventre devienne plat comme une galette.
• Ces sessions facilitent la détente mais aussi une meilleure concentration pour tous les élèves.

Idée 4. Bouger

But : Dans la même veine que les exercices de respiration, organiser des petites sessions où l'on met le corps en action contribue à une détente plus globale, et améliore la concentration du jeune dysgraphique (ainsi que de ses camarades).

Matériel : Pas obligatoire, mais il existe de nombreuses ressources à télécharger, à visionner ou à acheter, pour s'inspirer et élaborer ces sessions physiques. Il existe également des applications (exemple : Bayam) qui proposent des exercices de yoga sous forme d'animations courtes.

Démarche :
• Définir un moment dans la semaine, ou en journée, pour réaliser une session de détente corporelle. Cela peut être des exercices de yoga, du brain gym ou simplement quelques mouvements d'échauffement.
• Si besoin, sélectionner simplement des mouvements du haut du corps afin qu'ils soient facilement réalisables par chaque élève debout à son bureau.

Idée 5. Écrire

But : Entraîner et apprivoiser l'acte d'écrire.

Matériel : Fichiers d'exercices de graphisme

Démarche :
• Organiser un concours de graphisme où chaque élève se verra attribuer des missions selon son niveau.
• Dans des bacs ou des classeurs, préparer des exercices de graphisme et/ou de pré-graphisme.
• Chaque jour, l'élève choisit la fiche de son choix et réalise une courte session d'écriture dont vous définissez l'objectif (exemples : terminer rapidement, s'appliquer le plus possible...).
• Lorsqu'il a terminé, coller une gommette sur son parcours de réussite. Le but est d'atteindre l'arrivée et de se voir progresser.

Regards croisés
Zoom sur... la graphothérapie

1. Qu'est-ce que la graphothérapie ?

La graphothérapie est un métier centré sur la rééducation de l'écriture, pour aider l'enfant ou l'adulte à écrire de manière efficace tant en qualité qu'en vitesse. Le graphothérapeute est sollicité si les écrits sont illisibles, maladroits, ou le geste graphique douloureux.
Le graphothérapeute observera le geste graphique de l'élève et définira le type de dysgraphie dont il souffre.
En France, ce métier n'est pas encore reconnu par un diplôme d'État. Le bilan et les séances ne sont pas remboursés.

2. Pourquoi envisager la graphothérapie pour l'élève dysgraphique ?

L'élève dysgraphique présente une qualité d'écriture moindre qui le rend souvent illisible. De plus, l'acte d'écrire est très coûteux. Cela l'épuise et, bien souvent, cela peut lui faire mal. L'élève qui met son énergie dans l'écriture ne peut pas la mettre ailleurs. Cela réduit ses possibles. Une dysgraphie aura donc des répercussions conséquentes sur les apprentissages.

3. Comment se déroule l'intervention de graphothérapie pour l'élève dysphasique ?

Étape 1. Le bilan
Le graphothérapeute, après avoir réalisé une anamnèse (collecte d'informations sur le vécu de l'enfant), réalise un bilan. Celui-ci dure environ 90 minutes. Il s'appuie sur des tests pour évaluer l'écriture, la dextérité digitale, la latéralité, la dominance manuelle, la vitesse à l'écrit, le croisement de la ligne médiane.
Le bilan évalue la pertinence d'un suivi graphomoteur et précise l'intervention thérapeutique. Le graphothérapeute établit un plan de rééducation en fonction de ses observations et des résultats de son bilan.
Suivant les praticiens, les parents peuvent assister au bilan.

Étape 2. La rééducation ou remédiation
Le graphothérapeute propose une rééducation en travaillant sur la souplesse et la relaxation du geste. Il aide l'élève au niveau de sa posture, de sa tenue de crayon, de la qualité et du rythme de son écriture. Le graphothérapeute intervient de manière ludique au travers d'exercices et s'adapte à la sensibilité de son patient.

Il développe la proprioception de l'enfant, c'est-à-dire qu'il l'aide à intégrer ses sensations et ses perceptions pour développer un geste dans la détente et le plaisir.

Étape 3. La collaboration

La durée du suivi dépend des difficultés de l'enfant, de son investissement dans la rééducation et de la qualité de la relation thérapeutique et du soutien familial. La collaboration entre l'enfant, la famille et les professionnels est essentielle. Le graphothérapeute peut se mettre en relation avec :

- L'enseignant, pour donner quelques conseils à appliquer en classe.
- Les parents, pour les aider à reprendre certains exercices à la maison.
- Les thérapeutes qui entourent l'enfant (exemples : orthophoniste, ergothérapeute, psychologue, psychomotricien…), pour coordonner leurs approches et travailler conjointement.
- Le médecin, qui coordonne les interventions autour de l'enfant.

Quel est le prix d'une séance de graphomotricité en France ?

Le bilan de 90 à 120 minutes : de 130 à 160 euros

La séance de rééducation de 45 minutes : de 40 à 60 euros

Est-ce pris en charge ? La sécurité sociale ne propose pas de remboursement. Certaines mutuelles prennent à leur charge une partie ou la totalité des séances.

Une rééducation nécessite plusieurs séances. La durée du traitement dépend du degré de difficulté de l'enfant.

4. Enseignants, que pouvez-vous faire avec un élève dysgraphique ?

A. Observer

Les difficultés d'écriture et de soin sont repérables relativement rapidement. Vous pouvez les relever, noter le comportement de l'enfant, l'observer face à ses problématiques afin d'évaluer le degré d'urgence d'une intervention extérieure : l'élève est-il en détresse ? Une adaptation en classe suffit-elle dans un premier temps ?

B. Accompagner

La dysgraphie a un impact fort sur l'élève, tant au niveau des apprentissages que de l'affect. L'enfant se rend bien souvent compte du décalage entre ses productions écrites et celles de ses camarades, il ressent physiquement des crispations, de la tension, voire de la douleur lorsqu'il écrit. N'hésitez pas à rapidement diminuer le seuil d'exigence quand des blocages apparaissent.

C. Aménager et adapter

À partir du moment où il y a suspicion de dysgraphie ou diagnostic avéré, il est intéressant de garder à l'esprit la notion de double tâche. L'élève dysgraphique sera totalement happé par l'acte d'écrire. Il ne peut se concentrer sur autre chose, et cette activité mobilise énormément d'énergie. Vous pouvez, dès lors, diminuer la quantité d'écrit, voire la supprimer quand ce n'est pas indispensable.

5. Trois exemples de situations complexes pour l'élève dysgraphique

A. Maîtriser l'espace de la page

L'ordonnancement de la feuille (respect des marges, des retours à la ligne, des alinéas…), l'espace entre les mots, entre les lettres, la dimension des lettres et la régularité de l'écriture… Tous ces codes arbitraires, qui contribuent à créer un document clair et lisible selon les règles établies, sont opaques pour le jeune dysgraphique. Il a beaucoup de peine à les percevoir, les comprendre et les respecter.

→ **Le plus de l'enseignant :** aider les élèves à prendre conscience de la pertinence de ces codes graphiques (les espaces, les hauteurs de lettres, les majuscules…). Pour montrer l'importance des espaces entre les mots, vous pouvez, par exemple, donner un texte où tous les mots sont collés.

Il est également possible de soutenir visuellement l'élève en traçant des repères de couleur (marges, flèche de retour à la ligne…) pour l'aider à se repérer dans une page.

B. Se détendre

L'élève dysgraphique éprouve de la tension autour de la tenue de son crayon, qui a tendance à entraîner une crispation plus généralisée. Parfois, en travaillant sur la respiration, la relaxation, voire la méditation, l'élève développe des techniques de détente qui l'aident à mieux gérer le stress qu'engendre sa dysgraphie.

→ **Le plus de l'enseignant :** proposer de courtes séances de respiration (environ une minute) entre chaque session de travail.

C. La précision

Les élèves dysgraphiques sont souvent peu précis dans leurs gestes fins. Ils peuvent montrer des difficultés dans le découpage, le collage, le bricolage ou toute autre activité exigeant de la motricité fine.

→ **Le plus de l'enseignant :** essayer de toujours garder en tête le niveau de l'enfant, et non le niveau de la classe, pour évaluer ses progrès.

CHAPITRE 7

Le syndrome dysexécutif

Trouble spécifique des fonctions exécutives

❶ Comprendre le syndrome dysexécutif 143

1. Les fonctions exécutives : qu'est-ce que c'est ? 143
2. Qu'est-ce que le syndrome dysexécutif ? 147
3. Les signaux d'alerte 148
4. Les parents observent 148

❷ Le syndrome dysexécutif en classe 150

1. Exemples de difficultés en classe : comment réagir ? 150
2. Enseignants, que pouvez-vous faire ? 151
3. Vers quel professionnel orienter son élève ? 152

Cas pratique 153

Fiche pratique 155

Regards croisés : zoom sur… la psychologie 158

1

Comprendre le syndrome dysexécutif

1. Les fonctions exécutives, qu'est-ce que c'est ?

Les fonctions exécutives sont les aptitudes cérébrales qui nous permettent d'exécuter de manière intentionnelle des actions nouvelles ou complexes. Elles nous servent également à nous adapter à une situation inédite. En d'autres termes, elles nous donnent la possibilité d'ajuster nos réponses comportementales à la situation et à l'environnement (exemple : lorsque je suis conducteur depuis longtemps, je ne réfléchis pas pour passer les vitesses, cette action est automatisée, car je l'ai faite des centaines de fois. *A contrario*, si je me casse le poignet, que celui-ci est plâtré, je vais devoir gérer cette situation inédite en trouvant une solution et en m'adaptant en changeant l'action de ma main, etc.)
Le rendement de ces fonctions dépend :
- De la maturité cérébrale.
- De l'environnement socio-économique.
- Des stimulations scolaires.
- Du cadre familial.

Il existe **six habiletés exécutives** principales.

Habiletés	Rôles
L'élaboration de stratégies : organisation, planification et anticipation	**Hiérarchiser, ordonner, trier, anticiper, planifier (exemple : l'élève choisit ce qu'il doit apporter ou non avec lui à l'école).** **Prévoir quelles sont les étapes nécessaires à la réalisation d'une tâche (exemple : pour faire un dessin : étape 1, l'élève prend une feuille, un crayon, une gomme et des feutres ; étape 2, il s'installe ; étape 3, il réalise son dessin).** **Établir des priorités (exemple : l'élève n'a plus que 10 minutes pour finir son test, il choisit ce qu'il termine et ce qu'il abandonne).**

L'activation	Déployer l'énergie nécessaire pour réaliser la tâche en cours (exemple : permet à l'élève de se mettre à la tâche).
L'adaptabilité et la flexibilité mentale	Se remettre en question, adopter un autre point de vue (exemple : changer de méthodologie). Apprendre de ses erreurs (exemple : apprendre à reboucher son tube de colle, sinon la colle sèche).
La mémoire de travail et le maintien de l'attention	Maintenir son attention durant toute la tâche, surveiller l'avancement des tâches (exemple : durant une évaluation, l'élève sait combien d'exercices il lui reste à faire et reste concentré jusqu'à la fin). Garder les informations en mémoire, les manipuler et les traiter (exemple : durant un calcul, l'élève mémorise les résultats intermédiaires).
L'inhibition	D'une part échapper aux distractions qui peuvent empêcher de mener une tâche jusqu'à son terme (exemple : l'élève ne se laisse pas disperser par le bruit d'une autre classe faisant du sport dans la cour). Et, d'autre part, adapter sa réponse à la question et ne pas se contenter de ressortir machinalement des notions apprises par cœur qui ne répondent pas à la question posée (exemple : l'élève donne des exemples de son cru et pas seulement ceux de la leçon).
La gestion des émotions ou l'autodiscipline	Autoréguler ses émotions pour ne pas se laisser envahir par elles et avoir un comportement adapté aux diverses situations (exemple : en classe, l'élève ne se met pas à rire à gorge déployée en se remémorant à une ancienne blague).

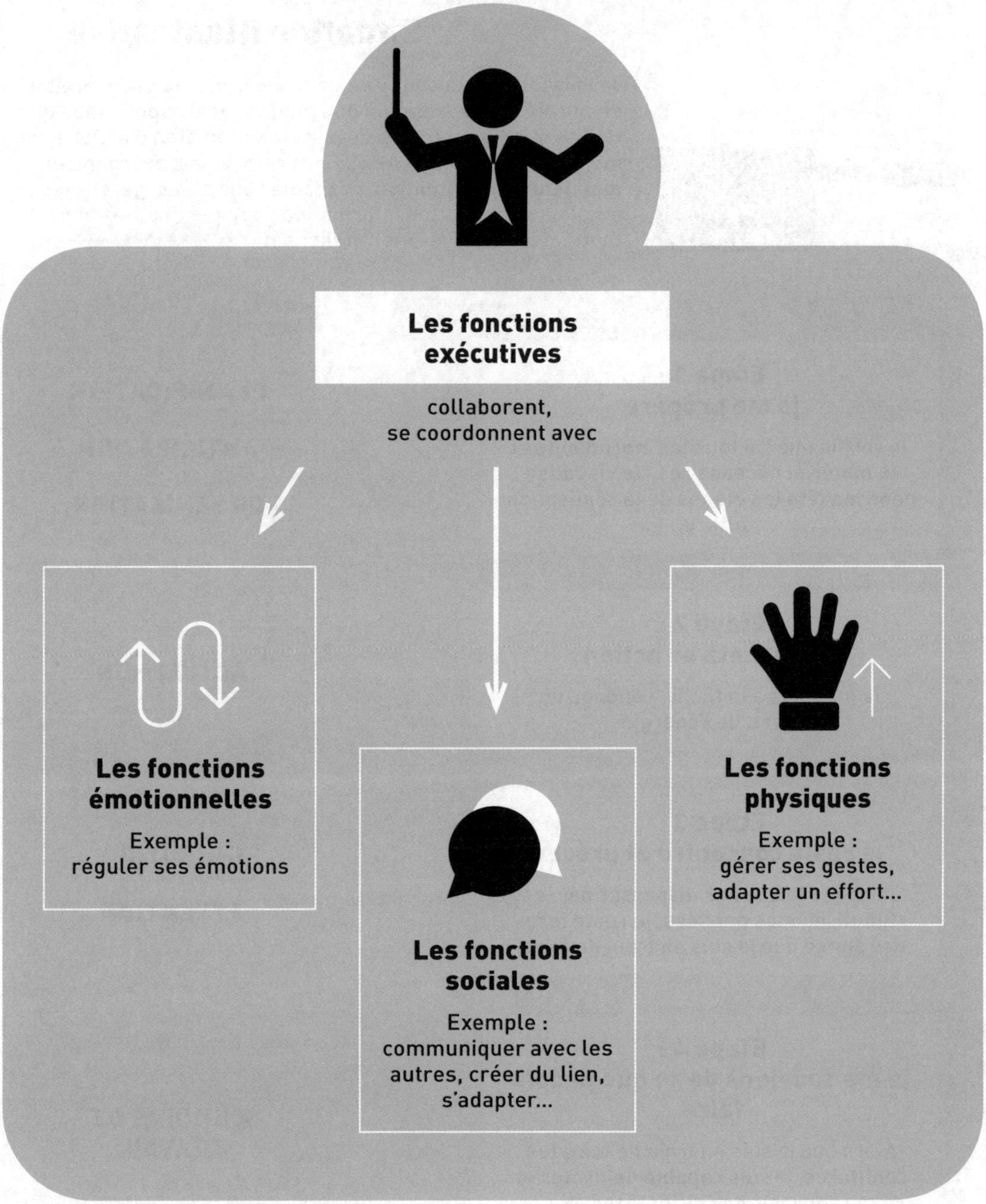

Les fonctions exécutives ont un rôle transversal qui est souvent comparé à celui du chef d'orchestre. Elles interagissent avec les autres fonctions cognitives et émotionnelles.
Les processus regroupés dans le système exécutif nous permettent d'atteindre des buts précis et sont donc indispensables dans les apprentissages scolaires, mais aussi dans la vie de tous les jours.

Situation illustrative

Je vais faire de la confiture de fraises pour la première fois de ma vie. Cette situation nouvelle va faire appel à mes fonctions exécutives : je vais devoir établir un plan d'actions pour mener cette tâche de A à Z. Pour cela je dois m'organiser, maintenir mon attention, m'adapter aux aléas, gérer mes émotions, inhiber les informations non pertinentes et éventuellement corriger mes erreurs.

Étape 1 : je me prépare Je vérifie que j'ai tous les ingrédients et le matériel nécessaires. Je visualise dans ma tête les étapes de la réalisation future.	→ **PLANIFICATION** **ANTICIPATION** **ORGANISATION**
Étape 2 : je me mets en action Je me mets à la tâche, j'engage un effort, de l'énergie.	→ **ACTIVATION**
Étape 3 : je reste concentré et précis Je ne me laisse pas disperser par les stimuli, ou mes pensées, je reste focalisé sur ce que je suis en train de faire.	→ **INHIBITION** **ATTENTION**
Étape 4 : je me souviens de ce que je dois faire Alors que je suis en train de faire les confitures, je suis capable de traiter et de me souvenir des différentes étapes de la réalisation.	→ **MÉMOIRE DE TRAVAIL**
Étape 5 : je m'adapte aux imprévus Il me manque un ingrédient non essentiel, je suis capable de changer la recette en choisissant un équivalent.	→ **FLEXIBILITÉ**

2. Qu'est-ce que le syndrome dysexécutif ?

On parle de syndrome dysexécutif lorsqu'une ou plusieurs fonctions exécutives sont altérées. Comme ces habilités sont transversales, le syndrome dysexécutif a des répercussions sur tous les apprentissages scolaires et/ou sur la sociabilisation.
Un élève souffrant d'un syndrome dysexécutif peut avoir des problèmes pour :
- Être créatif, avoir des idées et imaginer.
- Planifier et ordonnancer les différentes tâches à effectuer.
- Se mettre en action : l'enfant paraît amorphe, apathique, incapable d'initier une quelconque dynamique.
- S'évaluer, c'est-à-dire confronter ses résultats aux attentes initiales.

Type de fonction	Exemples	Difficultés possibles
Avoir une idée	L'élève imagine le dessin d'un château	L'élève a peu d'idées, peu d'imagination, besoin d'être guidé
Planifier, s'organiser	L'élève s'organise (va chercher le matériel nécessaire) et planifie les étapes (exemple : il veut dessiner deux tours, un pont-levis…).	L'élève ne sait pas par où commencer ou terminer, oublie des étapes, du matériel, ne sait pas décomposer la tâche…
Réaliser, exécuter, s'activer	Il se met à la tâche et la réalise de A à Z	L'élève commence trop vite ou au contraire peine à se mettre en action
S'autocorriger, comparer	Il évalue si sa réalisation correspond à son idée de départ, il compare, il juge si cela lui convient et rectifie si besoin.	L'élève n'arrive pas à s'autoévaluer, ne sait pas rectifier ses éventuelles erreurs, peine à savoir s'il est satisfait de sa réalisation

La maturation des fonctions exécutives est très longue. On ne naît pas avec ces habiletés, on les développe. Il est important de garder cette idée en tête pour votre perception des difficultés des élèves à l'école élémentaire : leur cerveau est encore en cours de construction.
Avant de suspecter à un syndrome dysexécutif, il est important de toujours contextualiser. Il est essentiel de prendre en compte l'âge de l'enfant, mais également le stress, la fatigue, et l'état émotionnel, qui impactent temporairement les fonctionnalités exécutives.

QUESTION D'ENSEIGNANT

Une atteinte des fonctions exécutives entraîne-t-elle un trouble de l'attention (TDA/H) ?

Cette question est épineuse et nous n'avons pas de réponse scientifique précise à l'heure actuelle. Il existe des corrélations cliniques et anatomiques entre les enfants porteurs d'un TDA/H et ceux souffrant d'un syndrome dysexécutif. Étant donné que le maintien de l'attention fait partie des habiletés exécutives, on tend maintenant à inclure les difficultés attentionnelles dans le trouble dysexécutif.

3. Les signaux d'alerte

A. En maternelle

- Comportement inhabituel (très agité, impulsif ou inversement passif, voire apathique).
- Bavardage excessif.
- Dispersion importante.
- Interruption d'une tâche en cours.
- Autonomie insuffisante.
- Tendance à l'abandon rapide, défaut de persévérance.
- Peu de motivation pour l'apprentissage.
- Formulation décousue et associations d'idées n'ayant aucun lien apparent entre elles.
- Créativité limitée.

B. En élémentaire

- Difficultés accrues dans les matières nécessitant des capacités à s'organiser ou à faire des choix (mathématiques ou grammaire) ainsi que des capacités à planifier (rédaction).
- Dissipation excessive : attraction irrépressible pour toute sollicitation extérieure visuelle ou verbale (bavardages, objet à portée de main...).
- Prise de parole intempestive ou au contraire inexistante.
- Persévération (exemple : applique la même consigne à tous les exercices d'une fiche).
- Sous-estimation de la complexité des exercices.
- Démotivation rapide.
- Inadéquation de la vitesse de travail (trop lente/trop rapide).
- Réponse aux questions avant la fin de la consigne.
- Évaluation souvent inexacte des attentes des enseignants.
- Réactions disproportionnées.
- Propension à être envahi par ses émotions.
- Définition problématique des étapes et des sous-étapes à réaliser.
- Incapacité d'appréhension de consignes complexes.
- Confusions fréquentes dans la réalisation d'exercices (exemple : ne sait pas par où commencer un problème de mathématiques).
- Autoévaluation souvent erronée (exemple : peut dire qu'il a tout réussi alors qu'il est en échec).
- Tendance au blocage sur un exercice sans pouvoir passer à la suite.

4. Les parents observent

- Un défaut d'autonomie.
- Une nécessité de répéter les consignes de nombreuses fois.

• Des oublis fréquents (oublie ses affaires à l'école).
• Une grande rigidité et une tendance à être hermétique aux changements.
• Une grande émotivité et une tendance à rapidement se laisser dépasser par ce qu'il ressent (vives colères, grands chagrins, joies extrêmes...).
• Une grande difficulté au moment des devoirs.
• Une prise de notes erronée ou incomplète (leçons, devoirs).
• Une faible projection et une faible anticipation (exemple : vacances).
• Une lenteur excessive pour se préparer le matin.
• Une difficulté d'organisation du discours (exemple : raconte des détails sans importance, non nécessaires à la compréhension de l'anecdote).
• Un oubli fréquent des informations importantes.
• Une tendance à la procrastination.
• Une chambre très désordonnée.
• Un besoin de rappels très fréquents.
• Un enfermement dans des routines et un rejet du changement.

2

Le syndrome dysexécutif en classe

1. Exemples de difficultés en classe : comment réagir ?

Le syndrome dysexécutif est très complexe à identifier en tant que tel. Tout d'abord, parce que les fonctions exécutives mettent du temps à être opérationnelles. Leur berceau se niche dans le lobe frontal du cerveau, dont la maturité arrive tard. Ensuite, parce que les habiletés de celui-ci fonctionnent en réseau et que les conséquences d'un dysfonctionnement sont plurielles. L'origine des difficultés n'est donc pas toujours identifiable.
Les études sur le sujet sont très récentes, et on tend à penser que les autres troubles DYS pourraient également être une conséquence d'un dysfonctionnement au niveau exécutif. Cependant, il est possible d'offrir des réponses et des aides à ces élèves.

L'élève présente des difficultés à :	**Que proposer ?**
 **Retenir ce qu'il doit faire (mémoire de travail faible) :** l'élève a tendance à se lancer rapidement dans le travail en oubliant des morceaux de consignes.	**Proposez à l'élève de prendre l'habitude de répéter la consigne *avant* de se mettre au travail.**
 **Percevoir son erreur :** l'élève ne perçoit pas son erreur et la reproduit avec persistance (flexibilité en souffrance).	**Aidez l'élève à comprendre en quoi ce qu'il a fait est une erreur, montrez-lui comment la corriger. Si besoin laissez-lui une trace écrite pour qu'il puisse avoir un support sur lequel s'appuyer (exemple : l'enfant entoure systématiquement alors qu'il faut barrer -> ajoutez un pictogramme à la consigne).**

 **Maîtriser la prise de parole (inhibition compliquée) :** la prise de parole est intempestive, l'élève n'attend pas d'être interrogé pour parler, il coupe la parole à ses camarades, ne lève pas la main pour demander à parler ou lève la main tout en parlant.	Mettez en place un bâton de parole. L'élève ne peut prendre la parole que lorsqu'il est en possession du bâton (notamment dans les échanges groupés).
 **Planifier dans les exercices à étapes :** l'élève n'arrive pas à relire ses dictées de manière efficace, il oublie une étape dans la réalisation d'un calcul ou d'un problème...	Créez des guides par matière que l'élève pourra utiliser comme support.
 **Gérer ses émotions :** l'élève peut fondre en larmes, se fâcher violemment avec ses camarades pour des broutilles, il se laisse déborder par ses émotions.	Créez un espace de retour au calme dans la classe (exemple : une petite tente avec des coussins sera une bulle dans laquelle l'élève pourra évacuer ce trop-plein d'émotions puis retourner apaisé dans le groupe classe).

2. Enseignants, que pouvez-vous faire ?

A. Au niveau des consignes en classe

• **Donner une consigne à la fois :** il faut avant tout éviter de surcharger l'information orale (exemple : prenez votre cahier du jour, prenez un stylo vert puis retrouvez la page de la dictée et corrigez les fautes soulignées en réécrivant les mots justes en dessous trois fois).

• **Mettre en place des routines scolaires :** avoir des routines de classe permet à l'enfant de s'approprier ce qu'il doit faire, et petit à petit d'apprendre l'anticipation. La répétition sera une clé d'évolution pour le jeune élève souffrant d'un trouble dysexécutif.

• **Faire ressortir les informations essentielles :** vous pouvez par exemple surligner ou souligner les mots-clés d'une consigne. Si besoin, utilisez des pictogrammes.

• **Vérifier la compréhension :** faites reformuler l'élève pour évaluer ce qu'il a compris et vérifier s'il sait ce qu'on attend de lui.

B. Au niveau de l'organisation et de l'autonomie

• **Apprendre à l'élève à demander de l'aide :** l'élève en difficulté ne sait pas toujours, ou n'ose pas, demander de l'aide. Il peut se bloquer et perdre beaucoup de temps. Il sera donc bénéfique que vous lui expliquiez (autant de fois que nécessaire) comment il peut solliciter de l'aide (en venant vous voir, en levant la main, en demandant à un camarade...).

• **Créer des guides et des supports visuels :** pour rendre l'élève autonome, il faut qu'il puisse savoir ce qu'il doit faire, ce qui lui reste à faire, et là où il en est. Pour cela, n'hésitez pas à créer des supports visuels personnalisés qui soutiendront l'élève dans ses exécutions.
• **Établir les priorités :** l'élève souffrant d'un trouble dysexécutif ne sait pas hiérarchiser l'importance des tâches à effectuer. Au cours d'un exercice écrit, il peut donc passer plus de temps à écrire joliment la date qu'à faire l'exercice.
• **Matérialiser le temps :** créez des barèmes de temps pour votre élève car, seul, il n'arrivera pas à évaluer le temps nécessaire pour tel ou tel exercice.
• **Définir les objectifs attendus :** il est important de prendre le temps d'expliciter clairement à l'élève ce qui est attendu de lui (exemple : pour un élève qui termine trop rapidement une série d'exercices, insister sur le fait que l'objectif n'est pas de terminer la fiche le plus rapidement possible mais au contraire de prendre son temps pour chaque exercice).

C. Au niveau du comportement
• **Anticiper les moments de transition :** les moments de transition sont des périodes complexes et génèrent des difficultés comportementales. Ce sont des espaces de confusion pour l'élève livré à lui-même. Informez-le de la suite du programme pour lui permettre d'avoir de la visibilité et de diminuer le stress provoqué par ces instants-là.
• **Créer un espace de travail propice :** l'ambiance de la classe, les stimulations visuelles, le bruit… Tout cela peut impacter positivement ou négativement l'élève. Réfléchissez au confort de travail de votre élève, réévaluez sa place dans la classe, préférez un coin calme avec peu de distractions visuelles (exemple : loin de la fenêtre).
• **Porter un regard encourageant sur votre élève :** ce n'est pas évident d'avoir un élève impulsif en classe. Une meilleure connaissance de ses difficultés permet de dissocier son comportement de sa personne et d'adopter une posture bienveillante à son égard.
• **Poser un cadre ferme à l'intérieur duquel rester bienveillant et flexible**

3. Vers quel professionnel orienter son élève ?

En priorité chez le neuropsychologue. C'est le spécialiste le plus habilité à évaluer les fonctions cognitives. Il peut être orienté par la suite suivant les cas chez l'orthophoniste, l'ergothérapeute, le psychologue et le psychomotricien.

QUESTION D'ENSEIGNANT

Est-ce mon rôle en tant qu'enseignant d'accompagner un élève qui se laisse submerger par ses émotions ?

En tant qu'enseignant, vous jouez un rôle déterminant dans la vie de vos élèves. Votre classe est un lieu de vie au sein duquel ils vont trouver des repères, se construire et évoluer. Ce n'est pas un secret : la qualité de la relation est une clé de voûte dans l'évolution positive de la scolarité d'un enfant. Plus les rapports sont positifs et sereins, plus l'élève sera en confiance et apprendra dans les meilleures conditions possibles.
C'est d'autant plus vrai pour un enfant ayant des difficultés à réguler ses émotions. Autrement dit, ce n'est pas le rôle de l'enseignant d'apprendre à un élève à gérer ce qu'il ressent, mais en l'accompagnant avec bienveillance et en construisant avec lui une relation tranquille, il lui permettra de diminuer ses tensions et de se rendre plus disponible pour les apprentissages.

Cas pratique

Evan, 10 ans, CM2

Evan sort son agenda, il voit qu'il doit apprendre une leçon de français, préparer ses mots de dictée et finir sa fiche de calculs. Il ne l'avait pas finie en classe car il parlait à son copain de sa collection de cartes.
Ha oui, c'est vrai, il a promis de faire des échanges avec lui. Il monte dans sa chambre, sort ses cartes, commence à les trier, puis il a soif et descend prendre un verre d'eau. Son père lui demande s'il a commencé ses devoirs. Evan retourne à table mais au lieu de reprendre sa fiche de calculs, il sort son cahier de français, soupire, c'est trop compliqué.
Son père lui demande s'il est prêt pour la dictée, s'il peut lui dicter les mots maintenant. Evan dit oui, avec devant lui sa fiche de maths incomplète et son livre de français, mais ni feuille ni crayon pour écrire. Son père soupire, lui dit d'aller chercher son matériel. Enfin, il lui dicte les premiers mots : « les animaux ». Evan se souvient que sa copine Sofia vient d'avoir un chaton, lui aussi aimerait bien avoir un animal, il demande à son père s'ils peuvent adopter un chien. Son père s'agace et lui dit que ce n'est pas le moment, Evan ne comprend pas et s'énerve.

L'enseignant remarque :

- **Les fiches d'Evan sont très souvent incomplètes.**
- **Ses rédactions sont très pauvres et désorganisées.**
- **Ses associations d'idées sont saugrenues.**
- **Il perd très souvent le fil de ses idées.**
- **Il interrompt fréquemment ses camarades.**
- **Il n'attend pas d'être interrogé avant de répondre.**
- **Il se trompe fréquemment dans ses calculs (exemple : oublis de retenues).**
- **Il peine à résoudre les problèmes.**
- **Ses cahiers sont pleins de feuilles volantes non rangées ou non collées.**

Les parents expliquent que :

- **Evan se laisse très facilement distraire.**
- **Il est très peu autonome (le matin, il faut toujours être derrière lui pour qu'il fasse ce qu'il a à faire).**

- Les devoirs du soir sont longs et conflictuels.
- Il coupe la parole à table.
- Il n'écoute pas les réponses aux questions qu'il pose.
- Il peut avoir des réactions disproportionnées.
- Il aime que l'on passe toujours par le même chemin pour aller à l'école.
- Il est vite inquiet dans les situations qu'il ne connaît pas.
- Il demande beaucoup d'attention.

Que pourrait proposer l'enseignant aux parents ?

- Créer un espace de travail le plus épuré possible pour limiter les stimuli extérieurs (visuels et auditifs).
- Lors des devoirs, éviter les écrans et laisser le téléphone dans une autre pièce.
- Mettre en place des routines dont chaque étape (exemples : s'habiller, ranger son pyjama, faire son lit, prendre son petit déjeuner...) sera illustrée par des dessins/pictogrammes/photos.
- Ne pas faire à sa place (même si cela demande parfois beaucoup de patience).
- Ajuster leurs attentes (toujours revenir à ce que sait faire Evan, et non ce qu'il devrait savoir faire) en augmentant petit à petit les exigences.
- Éviter les systèmes de punitions/récompenses, qui sont très peu efficaces et souvent source de frustration et d'incompréhension pour l'enfant.
- Faire un planning visuel de la semaine.
- Voir un sophrologue pour apprendre à mieux appréhender les situations inconnues (visualisation).

Que pourrait proposer l'enseignant à Evan ?

- Avoir un casque antibruit avec lui en classe (pour les moments où il doit se concentrer).
- Avoir un espace de retour au calme en classe.
- Le prévenir longtemps à l'avance des changements de programme (exemple : cours de piscine).
- Instaurer des routines avec des feuilles de route sur les tâches à accomplir.
- Lui énoncer clairement le code de conduite et y revenir avec lui (seul à seul) tant que le besoin s'en fait sentir.

Fiche pratique

Comment aider mon élève souffrant d'un syndrome dysexécutif en classe en 5 idées ?

Quel est l'objectif de cette fiche ?

L'enseignant peut faire une grande différence dans le quotidien scolaire d'un élève souffrant d'un trouble dysexécutif en décortiquant les processus en étapes et en sous-étapes, en adaptant l'environnement de l'élève, en l'aidant à s'organiser... Cette fiche pratique a pour but de donner des idées concrètes pour le faire.

Idée 1. Créer un porte-clé avec des guides/protocoles/modes d'emploi

But : Aider l'élève à gagner en autonomie avec des supports visuels simples et clairs.

Matériel : Anneaux articulés (porte-clé), plastifieuse, papiers de couleur

Démarche :
- Choisir une couleur par matière.
- Décomposer étape par étape une notion sur une fiche (exemple : comment réaliser une addition ?).
- Imprimer et plastifier la fiche ou la coller sur un carton de couleur.
- Expliquer la fiche en classe (revoir avec l'élève si besoin).
- Donner la fiche à l'élève pour son porte-clé.
- Apprendre à l'élève à se référer à la fiche.

→ *Le porte-clé s'enrichit au cours de l'année.*

Avantage : Un porte-clé est un objet passe-partout, l'élève peut l'accrocher et en avoir un exemplaire en classe, et un à la maison pour éviter de le perdre lors des changements de lieux.

Inconvénient : Requiert un temps long de préparation.

Idée 2. Annoncer le programme et la durée des activités à mi-journée

But : Aider l'élève à gérer son temps en proposant une feuille de route visuelle du programme de mi-journée.

Matériel : Pictogrammes/photos/dessins, Velcro, tableau

Démarche :
- Fabriquer un tableau à 2 colonnes (la colonne 1 indique la durée de l'activité, la colonne 2 contient sa représentation visuelle).
- Coller les durées et les images illustrant les éléments du programme concerné.
- Dès qu'une activité est terminée, enlever son pictogramme.

Avantage : Ce tableau permet à l'élève de voir où il se situe et ce qu'il lui reste à faire, et d'évaluer le temps de chaque activité. Le fait d'enlever au fur et à mesure les pictogrammes crée une routine, une organisation structurante pour l'élève.

Inconvénient : Fabriquer le matériel nécessaire et instaurer ce rituel au quotidien dans la classe représentent un investissement important.

Idée 3. Lister les tâches à réaliser

But : Soutenir l'exécution des tâches de leur début jusqu'à la fin.

Démarche :
- Lister les étapes et les sous-étapes de l'exercice à réaliser (exemple : relire sa dictée).
- Donner la liste à l'élève.
- Demander à l'élève de cocher dès qu'il a terminé une étape.
- Au début, être présent entre chaque étape pour accompagner l'élève, puis petit à petit le laisser en autonomie.

Avantage : Cette routine donne à l'élève une approche structurée et systématique et développe son autonomie.

Inconvénient : Un temps non négligeable préparation.

Idée 4. Utiliser la créativité du groupe classe

But : Utiliser la musique, le dessin, les rimes et la créativité de chacun pour soutenir la mémorisation de certaines règles ou leçons. Les règles en français, par exemple, sont totalement arbitraires. Utiliser le sens créatif est un incroyable vecteur de mémorisation et fait appel à d'autres ressources cérébrales qui vont soutenir la rétention de l'information à long terme.

Démarche : Faire des groupes de 2 à 6 élèves. Leur soumettre une notion à apprendre et leur demander au choix :
• D'inventer une chanson pour la retenir.
• D'inventer une histoire.
• De faire un dessin.
• De proposer une tout autre idée de leur cru pour s'en souvenir.
Exemple :
« *Écoutez notre tribu,*
Nous les mots en E.A.U,
Nous ne voulons pas de S
Nous ne voulons pas finir en laisse,
Vive le X au pluriel,
C'est plus naturel ! »

Avantage : Démarche ludique, légère, amusante.

Inconvénient : Il ne s'agit pas d'une idée « clé en main », elle demande de s'appuyer uniquement sur la créativité et l'initiative du groupe.

Idée 5. Apprendre à approcher un exercice

But : Aider l'élève à avancer pas à pas et à ne pas se précipiter.

Matériel : Dessin d'un feu tricolore

Démarche : À l'aide d'un dessin d'un feu tricolore que l'on dépose à côté de l'élève, lui expliquer :
• L'importance de s'arrêter pour bien lire la consigne → *feu rouge, stop je m'arrête, je respire.*
• L'importance de réfléchir avant de se mettre en action → *feu orange, je prends le temps de réfléchir, je me prépare à avancer.*
• L'importance de se mettre en route → *feu vert, je suis prêt, je peux me mettre en marche.*

Avantage : Très parlant pour l'élève, facile à réaliser

Inconvénient : Nécessite de revenir sur ce processus plusieurs fois pour que l'élève puisse l'intégrer.

Regards croisés
Zoom sur... la psychologie

1. Qu'est-ce qu'un psychologue ?

Un psychologue est un thérapeute qui analyse et décrypte le fonctionnement humain d'un point de vue environnemental (contexte social, familial...), émotionnel (ressentis, émotions...) et intellectuel (pensées, cognition...). Il analyse, écoute, conseille et propose des solutions. Il existe de nombreux courants de psychologie.

2. Pourquoi envisager un soutien psychologique pour l'élève souffrant d'un syndrome dysexécutif ?

Les enfants dysfonctionnant au niveau exécutif ont souvent des rapports compliqués aux autres (ils peuvent avoir de la peine à réguler leur comportement, à s'adapter aux gens) ; la vie scolaire et la vie familiale sont complexifiées par leurs difficultés. Tout cela a des répercussions importantes sur leur joie de vivre et leur estime de soi.
Un soutien psychologique est donc très important pour les soutenir, les outiller et les aider à adopter parfois un autre point de vue.

3. Comment se déroule l'intervention en psychologie pour l'élève souffrant d'un syndrome dysexécutif ?

A. L'entretien préalable
Le psychologue reçoit l'enfant dans le cadre d'un entretien familial. Durant cette séance, le psychologue pourra analyser la demande, la comprendre et retracer avec les parents le parcours de l'enfant. C'est également un moment privilégié pour observer les interactions au sein de la famille.

Comment sont remboursées les séances de psychologie en France ?

Dans un établissement spécialisé : si les séances se déroulent dans le cadre d'un centre (exemple : centre médico-psychologique), elles sont entièrement prises en charge.

Dans le cadre du RASED : le bilan psychologique est pris en charge (le psychologue est payé par l'Éducation nationale).

Dans un cabinet libéral : les séances ne sont pas remboursées par l'assurance maladie.

En cas de dossier MDPH ou auprès de la CPAM : un montant dédié peut être alloué.

Et la complémentaire santé ? Selon les complémentaires, la prise en charge peut être intégrale ou partielle.

B. Le bilan

Une évaluation normée par le biais de tests sera proposée à l'enfant. Elle permet d'évaluer, d'une part, la sphère émotionnelle et affective de l'enfant, et d'autre part son fonctionnement cognitif et intellectuel. Le bilan est réalisé en plusieurs séances (entre 2 et 5). L'objectif est de comprendre qui est l'élève et évaluer ses compétences. Le psychologue analyse les résultats en les replaçant dans le contexte de vie de l'enfant.

C. La restitution et la collaboration

Une fois le bilan terminé, le psychologue en réalise une restitution, c'est-à-dire qu'il donne un compte-rendu (oral ou écrit) aux parents, au cours duquel il explique ce qu'il a pu comprendre et analyser de leur enfant. Il propose par la suite des solutions thérapeutiques (psychothérapie, psychomotricité, orthophonie...), des aménagements pédagogiques (il prend contact avec l'enseignant pour lui en faire part) et peut donner des conseils à la famille.

Dispositifs d'aide et de soutien

Dispositifs officiels en France 162

Dispositifs d'aide et de soutien de la maternelle au lycée 162

Ressources humaines au sein et en dehors de l'école 166

Dispositifs d'aide et de soutien adaptés et spécialisés 168

Dispositifs officiels en France

Préambule : cet état des lieux français non exhaustif a été réalisé en 2020, il est susceptible d'être modifié dans l'avenir.

Dispositifs d'aide et de soutien de la maternelle au lycée

Le PAI (projet d'accueil individualisé)

Pour qui ?

Pour les élèves souffrants :

- d'une maladie chronique.
- d'allergies ou d'intolérances alimentaires.

Pourquoi ?

Pour avoir un document officiel (modèle national) permettant de répertorier les besoins spécifiques de l'enfant ou de l'adolescent :

- prise de médicaments
- régime alimentaire (en cas d'intolérances)
- aménagement du temps scolaire (soins pendant le temps de classe...)
- protocole d'urgence

Comment ?

- La demande est faite par les parents, le chef d'établissement ou le directeur de l'école (avec l'accord et la participation de la famille.)
- À partir des éléments médicaux fournis (ordonnances, comptes rendus médicaux et paramédicaux), le médecin scolaire ou de PMI (ou l'infirmière scolaire) rédige le PAI.
- Le document est signé par la famille, le directeur ou le chef d'établissement, et un représentant de la collectivité territoriale.
- Le chef d'établissement, le directeur sont responsables de l'application du PAI.
- Les prescriptions et les gestes nécessaires s'adressent à des non-soignants. Le médecin scolaire doit donc veiller à leur compréhension.
- Le PAI doit être communiqué et mis en place dans tous les lieux de vie de l'élève (scolaire, périscolaire, centre de loisirs...).

Remarques

- Le PAI ne concerne pas directement les élèves DYS.
- Il peut être réévalué chaque année en fonction de l'évolution de la pathologie.
- Les parents doivent signaler les modifications de l'état de santé de leur enfant.

Le PPRE (programme personnalisé de réussite éducative)

Pour qui ?

Pour les élèves en difficulté durable dans l'acquisition des compétences du socle commun.

Pourquoi ?

- Pour établir un plan d'actions coordonnées visant à réduire l'écart entre les compétences acquises par l'élève et celles visées par le socle. (Les domaines ciblés dans la majorité des cas sont le français et les mathématiques.)
- Pour préparer un maintien ou l'accompagner quand il est effectif.

Comment ?

- L'équipe pédagogique rédige le PPRE sur lequel sont précisés les objectifs à atteindre, les moyens à mettre en œuvre (intervention du RASED, soutien scolaire en lien avec le mouvement associatif) et la durée (de 5 à 7 semaines).
- Les objectifs et les moyens pour y parvenir sont détaillés et expliqués à la famille et à l'élève pour qu'ils adhèrent au projet.
- Le PPRE s'applique en classe (différenciation pédagogique…), dans l'établissement (décloisonnement…) et à la maison (allègement des devoirs par exemple).

Remarques

- Le PPRE n'est pas une mesure spécifique à l'élève DYS, mais il est souvent une étape préliminaire (il sera remplacé par le PAP si les difficultés persistent).
- Il n'existe pas de modèle national unique : divers modèles sont élaborés au sein des différentes académies.

Le PAP (plan d'accompagnement personnalisé)

Pour qui ?

Pour les élèves présentant des troubles spécifiques des apprentissages (DYS).

Pourquoi ?

Pour avoir un document officiel (modèle national) qui définit avec précision les aménagements et les adaptations pédagogiques nécessaires à l'élève. Il permet l'utilisation de matériel informatique en classe.

Le PAP validé crée :

• une continuité dans les aménagements et les adaptations pédagogiques indispensables tout au long de la scolarité. Il se décline en quatre fiches distinctes : maternelle, élémentaire, collège et lycée.

• un suivi des besoins de l'élève et leur évolution.

Comment ?

• La famille, un thérapeute de l'élève ou un enseignant peuvent proposer la mise en place d'un PAP.

• Le médecin de l'Éducation nationale rencontre l'élève et évalue le trouble. Pour le cerner au mieux, il peut utiliser les bilans thérapeutiques existants (psychologique, orthophonique...). Il rend un avis sur la nécessité de mise en place d'un PAP.

• L'équipe pédagogique élabore le PAP avec les thérapeutes concernés et la famille.

• C'est l'enseignant qui assure l'application du PAP en classe. Dans le secondaire, c'est le professeur principal qui en coordonne sa mise en œuvre.

• Certaines mesures peuvent concerner aussi l'élève à la maison.

Remarques

• Le PAP est révisé chaque année.

• Son champ d'application se limite aux aménagements et aux adaptations pédagogiques : il ne peut pas, par exemple, décider de l'attribution d'une aide humaine.

Le PPS
(projet personnel de scolarisation)

Pour qui ?

Pour les élèves en situation de handicap (reconnu comme tel par la MDPH).

Pourquoi ?

Pour avoir un document officiel (modèle national) qui permet :

• de déterminer au mieux les besoins de l'élève en situation de handicap.

• d'organiser son parcours scolaire.

• de mettre en place des aides spécifiques (humaines et/ou matérielles).

• de maintenir l'élève en milieu ordinaire (ce qui reste la priorité).

• d'orienter l'élève vers un enseignement spécialisé (CLIS ou ULIS) ou un IME.

• d'avoir un suivi durant toute la scolarité de l'élève.

Comment ?

• La famille fait une demande à la MDPH en remplissant un formulaire officiel (Cerfa n° 15692-01) dans lequel elle devra exprimer ses demandes et ses souhaits pour la scolarité de son enfant.

• Pour une première demande, ou lors d'un réexamen, un document officiel, le Geva-Sco devra être joint. Il doit être renseigné en réunion d'équipe (équipe éducative ou de suivi de scolarisation lors d'un réexamen) . Les parents sont associés à cette réunion.

Le Geva-sco recueille les observations des professionnels qui entourent l'enfant (enseignants, professionnels de santé...). Il permet d'évaluer les besoins de compensation du handicap de l'élève tout au long de sa scolarité.

• Le PPS permet l'application des mesures octroyées en commission : en classe (présence d'un auxiliaire de vie scolaire...) et à la maison (soins à domicile...).

•Le PPS permet également la prise de décisions sur le terrain, par exemple : un allongement du cursus (BEP en 3 ans au lieu de 2), des exercices différents (oraux plutôt qu'écrits), d'autres accompagnements (CNED, CAMPS)...

Remarques

• Le PPS est revu chaque année en équipe éducative de suivi (enseignant référent, enseignant spécialisé médecin, éducateur, orthophoniste...)

• Pour tout PPS en cours, l'enseignant référent est l'interlocuteur privilégié des parents. Il a auprès d'eux un rôle d'aide et de conseil, et veille au bon suivi du PPS et à sa cohérence.

Ressources humaines au sein et en dehors de l'école

Enseignant référent

C'est qui ?

C'est un enseignant spécialisé. Il assure le lien entre les familles et l'équipe pluridisciplinaire qui suit la scolarisation.

Il est le premier interlocuteur pour les familles et pour tous les partenaires de la scolarisation de l'élève handicapé.

Mission ?

Auprès des familles, il accueille, accompagne et conseille.

Avec les professionnels, il recherche des moyens permettant à l'élève porteur d'un handicap de suivre une scolarité dans des conditions matérielles et humaines de compensation de ce handicap.

Il veille à la mise en œuvre et à la continuité du PPS dans le premier et le second degré.

AVS (assistant de vie scolaire) et AESH (assistant d'élève en situation de handicap)

C'est qui ?

Les AVS et les AESH soutiennent et accompagnent les élèves porteurs d'un handicap visible ou invisible dans les apprentissages et dans la vie scolaire.

Ils facilitent l'inclusion et œuvrent à l'autonomie de l'élève au sein de sa classe.

Ils sont sous la responsabilité de l'enseignant de classe.

Mission ?

L'AVS et l'AESH peuvent intervenir :

- **En individuel (AVS-I ou AESH-I)**, auprès d'un élève qui requiert une attention spécifique et une aide personnalisée en continu.
- **De manière mutualisée (AVS-M ou AESH-M)**, dans une même classe, auprès de plusieurs élèves désignés par la CDAPH qui ont des besoins particuliers sans qu'ils ne requièrent pour autant une aide personnalisée en continu.
- **En collectif (AVS-co ou AESH-co)**, dans un établissement d'enseignement spécialisé (CLIS, ULIS). Un AVS-co/AESH-co intervient auprès de plusieurs élèves dans la classe, et en dehors, lors de toutes les actions d'animation éducatives, en récréation, pendant la pause méridienne...

RASED
(réseau d'aides spécialisées aux élèves en difficulté)

C'est qui ?

Ce réseau est constitué d'enseignants spécialisés et de psychologues qui interviennent le cadre scolaire de la maternelle au CM2.

Ils proposent un travail spécifique complémentaire à celui de l'enseignant.

Mission ?

- Les intervenants du RASED mettent leurs compétences au service des équipes pédagogiques.
- Ils préviennent et repèrent les difficultés.
- Ils cernent les besoins particuliers (suivi psychologique) de certains élèves et, en liaison avec les parents, proposent des solutions adaptées dans et en dehors de l'école.
- Ils apportent de l'aide dans l'élaboration des projets personnalisés (PAP, PPS).

Dispositifs d'aide et de soutien adaptés et spécialisés

ULIS (unité localisée pour l'inclusion scolaire)

Ce sont des unités d'enseignement adapté implantées dans les écoles, les collèges et les lycées ordinaires.

Les ULIS permettent la mise en œuvre des PPS.

Ils existent plusieurs types d'ULIS, regroupés par type de handicap.

Pour qui ?

Pour tout enfant présentant un handicap visible (exemple : trouble des fonctions motrices) ou invisible (exemple : trouble spécifique du langage et des apprentissages DYS), et qui, en plus des mesures de compensation et d'adaptation pédagogique, doit bénéficier d'un enseignement adapté.

Caractéristiques

• Seuls des élèves reconnus porteurs d'un handicap peuvent intégrer une classe ULIS. L'orientation vers ce dispositif nécessite une décision de la CDAPH.

• Une ULIS accueille au maximum 12 élèves.

• Un enseignant spécialisé est coordonnateur de l'ULIS. Il enseigne à un petit groupe d'élèves présentant des troubles compatibles. Il organise pour ses élèves des temps de scolarisation dans leur classe de référence en milieu ordinaire.

SEGPA (section d'enseignement général et professionnel adapté)

Les SEGPA sont intégrées dans les collèges ; elles proposent un programme individualisé, adapté et aménagé.

Elles donnent à ces élèves l'accès à une formation professionnelle diplômante (CAP) ou la possibilité de poursuivre leurs études après la 3e.

Pour qui ?

Pour les collégiens dont les difficultés scolaires importantes n'ont pu être résolues par les dispositifs d'aide et de soutien en milieu ordinaire.

Caractéristiques

• Une SEGPA comprend au maximum 16 élèves.

• Elle propose un suivi individualisé pour chaque élève.

• Le programme des sections générales est aménagé et adapté (rythmes, situations et supports) aux difficultés particulières des élèves.

• La SEGPA vise l'acquisition du socle commun. Les enseignants spécialisés organisent les apprentissages dans la classe de SEGPA, dans des groupes de besoin ou dans d'autres classes du collège.

• Des stages en entreprise sont effectués dès la 4e.

• En 3e, les élèves de SEGPA préparent l'épreuve orale du CFG (certificat de formation générale) et peuvent être présentés au DNB (diplôme national du brevet).

EREA (établissement régional d'enseignement adapté) et LEA (lycée d'enseignement adapté)

Les EREA/LEA sont des établissements pour des élèves avec des besoins spécifiques au niveau scolaire, éducatif et/ou social, ou rencontrant des difficultés liées à un handicap.

Les EREA visent une prise en charge globale de l'élève en difficulté dans sa sphère scolaire, mais aussi psychologique et sociale.

Pour qui ?

Pour les élèves de 11 à 18 ans présentant des difficultés scolaires importantes. Ces élèves peuvent souffrir de problèmes sociaux, familiaux et comportementaux.

Certains EREA accueillent des élèves porteurs d'un handicap sensori-moteur.

Les élèves proviennent de SEGPA, mais les EREA reçoivent aussi des élèves pouvant tirer profit de l'encadrement et des formations qu'ils proposent.

Caractéristiques

Les EREA proposent :

• Un secteur d'accompagnement pédagogique (aide spécialisée) et éducatif (éveil à la citoyenneté, aux arts...).

• Des classes à effectif réduit.

• Des prises en charge spécifiques selon les besoins (exemple : soutien psychologique).

• Une équipe pédagogique adaptée (professeurs des écoles et professeurs de lycée professionnel).

• Des parcours à visée professionnalisante permettant d'obtenir une qualification.

• Des projets individualisés guidés par des enseignants référents.

• De nombreux stages.

• Un internat éducatif au sein duquel interviennent des enseignants du premier et du second degré et des assistants d'éducation.

CMP (centre médico-psychologique) et CMPP (centre médico-psychologique pédagogique)

Les CMP et les CMPP sont des structures composées d'une équipe pluridisciplinaire (psychiatre, médecin, infirmier psychomotricien, orthophoniste, assistant social...).

Leur but est de proposer un accompagnement global de la personne, le tout coordonné par un spécialiste (en général un psychologue ou un psychiatre).

Les CMP sont des établissements de soins publics, rattachés à un centre hospitalier.

Les CMPP sont des centres privés gérés le plus souvent par des structures associatives.

Pour qui ?

Les CMP et les CMPP reçoivent des personnes souffrant de difficultés psychologiques et/ou comportementales.

Il existe des CMP pour enfants, pour adolescents ou pour adultes.

Les CMPP sont exclusivement destinés aux enfants et aux adolescents jusqu'à 20 ans.

Caractéristiques

- Les CMP et les CMPP sont dirigés le plus souvent par un psychiatre ou un médecin.
- Les consultations y sont totalement gratuites (prises en charge par l'assurance maladie).
- L'équipe est constituée de soignants (exemple : psychologue, psychomotricien...), mais aussi de travailleurs sociaux (exemple : assistant social).
- Ces centres proposent des bilans et des prises en charge.
- Ils sont rattachés à une zone géographique.

CAMSP (centre d'action médico-social précoce)

Les CAMSP sont composés d'une équipe pluridisciplinaire (pédiatre, puériculteur, ergothérapeute, éducateur de jeunes enfants, assistant social...). Ils ont pour but d'intervenir de manière globale et précoce chez les tout jeunes enfants.

Ils proposent également des actions de prévention.

Pour qui ?

Pour les enfants de 0 à 6 ans présentant des difficultés de développement (au niveau moteur, au niveau du langage...).

Caractéristiques

- Les CAMSP sont dirigés par un pédiatre.
- Ils sont rattachés à un centre hospitalier.
- Les consultations y sont totalement gratuites (prises en charge par l'assurance maladie).
- Ils proposent un regard pluriel sur l'enfant (réflexion en équipe sur les difficultés rencontrées)

SESSAD (services d'éducation et de soins spécialisés à domicile)

Les SESSAD ne disposent pas de lieu d'accueil. Ils sont composés d'une équipe pluridisciplinaire (médecin, kinésithérapeute, ergothérapeute, orthophoniste, assistant social, éducateur...) qui se déplace dans les différents lieux de vie (maison, école, centre de loisirs...) des enfants ou des adolescents porteurs de handicap.

Pour qui ?

Pour les enfants et les adolescents porteurs de handicap.

Caractéristiques

• Pour bénéficier de l'aide d'un SESSAD, il faut avoir obtenu une notification d'orientation de la MDPH et avoir fait une demande d'admission.

• La mission des SESSAD est de maintenir l'enfant en situation de handicap dans ses différents lieux de vie (domicile, crèche, école, centre de loisirs, club sportif...).

• Les SESSAD visent un développement optimal des capacités et de l'autonomie de l'enfant porteur de handicap en assurant :

- Des soins et des rééducations.
- Un soutien éducatif.
- Un soutien à la fonction parentale.
- Un soutien à la scolarisation.

IME (institut médico-éducatif)

Les IME sont des instituts spécialisés dont l'enseignement est adapté au handicap des enfants et des adolescents.

Ils proposent une éducation spécialisée et de la rééducation (orthophonie, psychomotricité...).

Ils font partie des ESMS (établissements et services médico-sociaux), qui accompagnent des enfants et des adolescents handicapés.

Pour qui ?

Pour les enfants et les adolescents (de 3 à 20 ans) présentant une déficience intellectuelle, quel que soit son degré (avec ou sans trouble associé).

Caractéristiques

• L'accueil en IME est soumis à notification de la CDAPH et à une demande d'admission.

• Les IME sont spécialisés suivant le degré ou le type de handicap des enfants accueillis.

• Suivant les IME, la prise en charge peut se faire en internat, en externat, en semi-internat ou en accueil temporaire.

• Des équipes pluridisciplinaires assurent l'enseignement, les soins et les rééducations, une surveillance médicale globale, mais également celle de la déficience et du handicap.

• Des formations professionnelles peuvent être proposées aux jeunes suivant l'établissement concerné.

ITEP (institut thérapeutique, éducatif et pédagogique)

Les ITEP ont pour vocation d'accueillir des enfants, des adolescents et des jeunes adultes présentant des troubles du comportement qui perturbent gravement la socialisation, la scolarisation et l'apprentissage.

Ils sont composés d'une équipe pluridisciplinaire : médecin, éducateurs, enseignants et professionnels paramédicaux (psychomotricien, orthophoniste, psychologues).

Ils font partie des ESMS (établissements et services médico-sociaux), qui accompagnent des enfants et des adolescents handicapés.

Pour qui ?

Pour les enfants et les adolescents (de 6 ans à 20 ans) présentant des troubles du comportement qui perturbent gravement la socialisation, la scolarisation et l'apprentissage.

Caractéristiques

• L'orientation en ITEP est notifiée par la MDPH.

• L'accueil se fait en internat ou en demi-pension.

• L'établissement est entièrement financé par l'assurance maladie (repas et transport compris).

• Les ITEP ont pour mission de travailler avec des partenaires extérieurs : SESSAD, équipe de psychiatrie infanto-juvénile, établissements de l'Éducation nationale et équipe de l'ASE.

• La prise en charge est globale, et l'accent est mis sur l'essentielle coopération entre les professionnels des différents secteurs au sein de l'ITEP et à l'extérieur.

• Les groupes classes sont composés de 6 à 10 enfants. Un enseignant et un éducateur interviennent dans les séances d'apprentissage en petits groupes.

• L'objectif est que l'enfant puisse réintégrer un cursus ordinaire.

UPE2A (unité pédagogique pour élèves allophones arrivants)

Les UPE2A permettent l'inscription dans une classe ordinaire et un enseignement renforcé en français.

Pour qui ?

Pour les élèves âgés de 3 à 16 ans et arrivés en France depuis moins de 12 mois, ayant été scolarisés ou non dans leur pays d'origine.

Ces enfants ne parlent pas français ou ne le maîtrisent pas suffisamment.

Caractéristiques

• L'élève suit les cours de l'UPE2A en parallèle à la scolarisation ordinaire.

• En primaire, l'élève suit des UPE2A de sa région ou des UPE2A itinérantes.

• Au collège et au lycée :

- Si l'établissement est doté d'une UPE2A, l'élève bénéficie d'un aménagement de son emploi du temps de manière à suivre de 6 à 9 heures de cours de FLS (français langue seconde) par semaine.

- Si l'établissement n'a pas d'UPE2A, l'élève peut être amené à se déplacer pour suivre les cours de FLS.

• L'élève fait l'objet d'une évaluation régulière tout au long de l'année.

Cinq éclairages à garder en tête

1 Les fonctions cognitives 176

2 Les 4 piliers de l'apprentissage selon Stanislas Dehaene 177

3 La double tâche 178

4 La collaboration : le terreau de la réussite 179

5 12 conseils à destination des parents 180

1

Les fonctions cognitives

*Les apprentissages de base se font grâce à des fonctions cérébrales complexes qui interagissent en réseau en se coordonnant et en collaborant pour traiter et assimiler les informations. Au sein de ce réseau, les **fonctions cognitives** permettent entre autres de faire des apprentissages scolaires.*

Le perceptif
ou la fonction gnosique

La fonction **gnosique** permet de reconnaître et d'associer des sensations (auditives/visuelles...). Elle permet également de se repérer dans l'espace.

Un enfant **agnosique** sera en souffrance au niveau de la reconnaissance sensorielle et/ou au niveau visuo-spatial.

La mémoire et l'attention

Les fonctions mnésiques et attentionnelles permettent la rétention, le stockage et la manipulation des informations à court, moyen et long termes.

Un enfant **TDAH** sera en souffrance au niveau du maintien de son **attention** et de la **mémorisation**.

Le langage
ou la fonction phasique

La fonction phasique permet de parler (versant expressif du langage) et de comprendre (versant réceptif du langage).

Un enfant **dysphasique** sera en souffrance au niveau du langage (versant expressif et/ou versant réceptif).

La gestion des processus
ou les fonctions exécutives

Les fonctions exécutives sont le chef d'orchestre du cerveau : elles permettent d'anticiper, de planifier, d'organiser, d'inhiber ou d'être flexible.

Un enfant qui souffre d'un **syndrome dysexécutif** sera en souffrance au niveau de l'organisation, de la planification, de l'inhibition et de la gestion de ses émotions.

Le mouvement
ou la fonction praxique

La fonction praxique permet de coordonner une suite d'actions dans un but précis et voulu.

Un enfant **dyspraxique** sera en souffrance au niveau de la coordination de ses mouvements.

2

Les 4 piliers de l'apprentissage selon Stanislas Dehaene

Stanislas Dehaene évoque des « piliers » sans lesquels l'apprentissage n'est pas possible. Il en observe ***4 principaux****, qui se coordonnent et collaborent pour permettre à l'enfant d'apprendre.*

L'attention

L'attention permet de sélectionner les informations pertinentes, d'écarter les autres et d'être en alerte.

→ Le plus de l'enseignant : essayer de capter l'attention des élèves en proposant des supports ludiques, en utilisant leurs capacités motrices et leurs centres d'intérêt.

L'engagement actif

L'engagement actif permet d'être en projet, mobilisé, impliqué, présent et investi. Un élève appliqué n'est pas forcément un élève impliqué.

→ Le plus de l'enseignant : alterner les périodes d'apprentissages formels (exemple : leçon magistrale) et les moments de mise en pratique des notions vues.

Le retour d'information

Le cerveau apprend en se trompant et en tirant des conclusions de ses erreurs. L'idéal est que l'élève vive positivement le fait de se tromper et qu'il comprenne que l'erreur fait partie de l'apprentissage.

→ Le plus de l'enseignant : ne pas noter ni annoter les exercices et les entraînements, après en avoir discuté avec les parents pour qu'ils comprennent et adhèrent à la démarche ; montrer à l'élève en quoi il s'est trompé ; favoriser les exercices autocorrectifs.

La consolidation des acquis

C'est le fait de passer de l'acte intentionnel à son automatisation. Pour y parvenir, il faut une part d'entraînement (faire et refaire, beaucoup et souvent) et une part de consolidation des savoirs durant le sommeil.

→ Le plus de l'enseignant : mobiliser régulièrement les notions déjà acquises pour favoriser leur consolidation.

On sait que l'apprentissage est acquis lorsque la réponse demandée est :

- Rapide
- Automatique *(ne mobilise pas de charge attentionnelle excessive)*
- Adaptée

3

La double tâche

Sans s'en rendre compte, l'élève est conduit, dans le cadre de la classe, à mener plusieurs tâches de front.
Exemples de tâches en classe
Comprendre, écrire, analyser, raisonner, déduire, inférer, compter, réaliser un geste, parler, lire, comparer, s'organiser, planifier, inhiber (par exemple un bruit environnant)... Afin de ne pas être dans une situation de double tâche, il faut avoir automatisé au moins l'une des tâches à accomplir.
Un nouvel apprentissage se déroule toujours en trois phases :

Phase de découverte*

↓

Phase d'entraînement*

↓

Phase d'automatisation

***Ces phases sollicitent nos ressources attentionnelles. On ne peut pas gérer une autre tâche en même temps !**

Lors de la phase de découverte, l'élève est totalement accaparé par la tâche à accomplir (très énergivore), puis il s'entraîne (il déploie encore de l'énergie) et petit à petit, l'action s'automatise et cela libère de l'espace dans lequel peut s'insérer le traitement d'une nouvelle tâche.
Exemple : Mila apprend à faire du vélo, elle est extrêmement concentrée et ne peut absolument pas faire autre chose que de focaliser toute son attention sur l'action en cours. Elle est très fatiguée à la fin de l'exercice. Elle va s'entraîner, elle aura besoin d'être attentive. On pourra dire qu'elle sait faire du vélo quand elle ne réfléchira plus à ce qu'elle doit faire, et qu'elle sera donc disponible pour autre chose (par exemple parler).
On le sait : un élève souffrant d'un trouble DYS n'arrive pas à automatiser certaines actions. Il est donc important d'en prendre conscience et d'éviter les situations de doubles tâches qui épuisent les ressources de l'élève.
Une meilleure connaissance des troubles DYS permet de traquer la double tâche et d'éviter le plus possible ces situations périlleuses pour l'élève en difficulté.
→ Le plus de l'enseignant : les aménagements et les adaptations prennent tout leur sens avec la notion de double tâche.
1. Apprendre à repérer les situations où l'élève pourrait être en double tâche.
2. Aménager, adapter, remédier.

4

La collaboration : le terreau de la réussite

Un élève qui souffre d'un trouble DYS a des besoins particuliers durant une majeure partie de sa scolarité. La meilleure réponse que l'on peut lui offrir réside dans la force de la collaboration.

L'enfant a besoin d'être guidé, soutenu ; les parents ont besoin d'être conseillés, orientés ; les différents professionnels ont besoin de l'expérience des parents et de la motivation de l'enfant : l'expertise de chacun profite à tous. Chacun muni de ses propres compétences mais main dans la main, on conduit l'élève vers sa propre réussite.

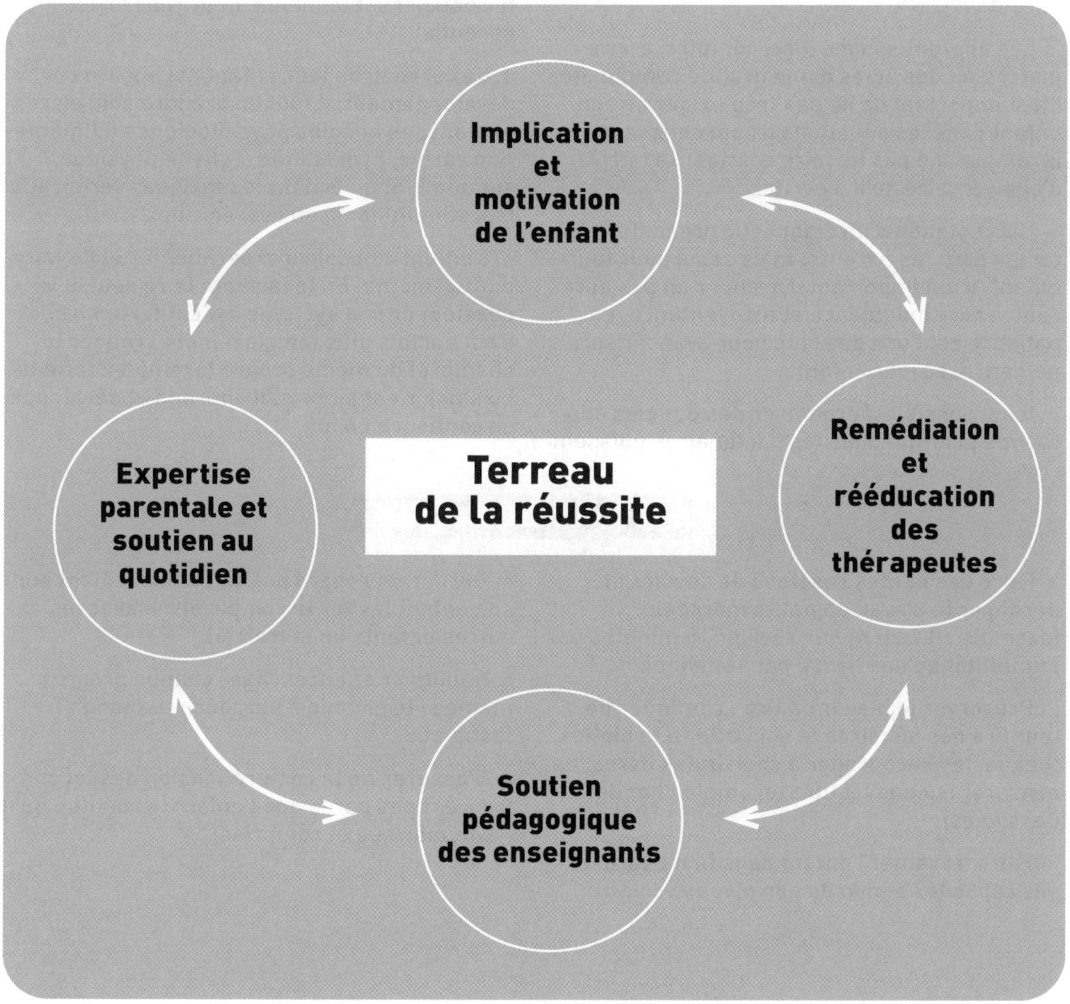

5

12 conseils à destination des parents

Les parents sont souvent démunis avec leur enfant en difficulté. L'enseignant est une personne-ressource vers laquelle ils se tournent en premier lieu.

6 éclairages :

1. Il existe des espaces de parole pour déposer leurs inquiétudes et leur souffrance s'ils en ressentent le besoin (associations, groupes de parents….).

2. Les apprentissages (lire, compter, écrire juste) sont des actes d'une grande complexité. Il est important de ne pas trop exiger de son enfant dans les situations d'apprentissage (exemple : ne pas lui faire corriger la lettre d'anniversaire qu'il a écrite).

3. L'acceptation d'un diagnostic prend du temps pour les parents, mais aussi pour leur enfant. Il est important d'avancer un pas après l'autre avec indulgence et bienveillance. La patience est l'une des clés pour avancer sereinement avec leur enfant.

4. Il est possible d'organiser des équipes éducatives pour que tous les partenaires puissent se rencontrer et coordonner leurs interventions. Les parents sont les plus grands « spécialistes » de leur enfant, car ce sont eux qui le connaissent le mieux. Leur regard est essentiel.

5. Le cerveau de leur enfant est encore en développement, il faut en prendre soin en respectant ses besoins physiologiques (alimentation variée, hydratation, activité physique, sommeil) et en évitant les toxiques cérébraux (surstimulations, stress, écrans).

6. L'enfant a besoin d'expérimenter et de faire par lui-même. En le laissant faire seul, il va développer son système exécutif. Même si c'est parfois plus long (exemple : ranger la chambre) ou moins propre (exemple : faire la cuisine), c'est ainsi qu'il apprend et développe sa confiance en lui.

6 recommandations :

1. Faire des petites sessions de devoirs et découper le travail en petits morceaux (exemple : il vaut mieux réviser 10 minutes par jour plutôt qu'une heure par semaine).

2. Préserver le plaisir de lire : continuer de leur lire des histoires le soir, aller à la bibliothèque, les encourager à choisir des livres, ne censurer aucune lecture (exemple : bandes dessinées).

3. Faire travailler l'enfant dans la mesure de ses capacités et non de son niveau scolaire.

4. Garder un regard positif et bienveillant sur son enfant (éviter la comparaison avec les autres enfants ou la fratrie).

5. Souligner et encourager chaque progrès même si le chemin à parcourir est long et fastidieux.

6. S'assurer de la compréhension des leçons (ce n'est pas parce que l'enfant la restitue qu'il l'a mémorisée et comprise).

Boîte à outils

Liens utiles 182

Ressources/Matériels/Logiciels 185

Sigles DYS 189

Bibliographie 190

Liens utiles

Tous types de DYS

Fédération française des DYS
www.ffdys.com
Regroupe les différentes associations spécialisées dans le domaine des troubles spécifiques du langage et des apprentissages, en particulier la dyslexie, la dysphasie, la dyspraxie

Apeda-dys (Adultes, professionnels et parents d'enfants dyslexiques associés)
www.apeda-france.com (France), www.apeda.be (Belgique), afped.ca (Canada)
Information et accompagnement des parents d'enfants ayant des troubles DYS (ateliers, conférences...)
Action auprès des pouvoirs publics

Dyscussions parents professeurs
www.dyscussions-parents-professeurs.fr
Site proposant de nombreuses ressources adaptées, des cartes mentales, des informations pour aider les enseignants et les parents à mieux comprendre les troubles DYS

Mesdysdoigts
mesdysdoigts.fr
Site proposant des formations spécialisées dans les troubles DYS pour les élèves, les parents et les enseignants

FOF (Fédération des orthophonistes de France)
federation-des-orthophonistes-de-france.fr
Prévention Réalisation d'avancées dans les modes de prise en charge

Fédération ANAPEDYS

www.apedys.org
Ce site se veut être un carrefour pour tous les DYS (enfants, adolescents, adultes) et leur famille, mais aussi pour les enseignants, les chercheurs, les soignants, les employeurs...

Melodys
melodys.org
Pédagogie musicale spécialisée dans les troubles DYS

Dyslexie/dysorthographie

Dix Sur Dys
sites.google.com/site/dixsurdys/
Site d'informations et de ressources sur la dyslexie dysorthographie à l'usage des enseignants

Fondation Dyslexie
fondation-dyslexie.org
Fondation belge visant à valoriser les « dys-férences » et à restaurer l'estime de soi chez les enfants DYS

Dyslexie

Dyslexie France
www.dyslexiefrance.com
Informations, prévention, témoignages, présentation de la méthode Davis®

Association canadienne de la dyslexie
www.dyslexiaassociation.ca
Association visant à sensibiliser à la dyslexie

Dysgraphie

Graphidys
www.graphidys.com
Association regroupant des graphothérapeutes rééducateurs de l'écriture dont le but est de mieux répondre aux critères de plus en plus exigeants de la graphothérapie

Dyspraxie

Dyspraxie France Dys
www.dyspraxies.fr
Association française œuvrant en faveur des personnes dyspraxiques avec ou sans troubles associés. Intervient auprès des professionnels concernés pour favoriser le repérage, le dépistage, le diagnostic, l'inclusion scolaire, l'épanouissement extrascolaire, l'accompagnement médico-social ainsi que l'accès à la formation professionnelle et à l'emploi

Fédération Dyspraxique Mais Fantastique (DMF)
dyspraxie.info
- Information des familles
- Sensibilisation des professionnels
- Action auprès des pouvoirs publics

Dyspra'quoi
dyspraquoi.ch
Association luttant pour faire reconnaître la dyspraxie en Suisse (présentations, dossiers, conférences, stands...)

Dagobert et Cie
dagobertetcie.ca
Association québécoise dont les principales missions sont :
- la promotion d'activités sociales, sportives, éducatives et culturelles adaptées pour faciliter l'intégration des personnes dyspraxiques
- la formation des professionnels
- la sensibilisation de la population

Dysphasie

Dysphasie +
dysphasieplus.com
Association québécoise dont les principales missions sont :
- l'information sur la dysphasie et la dyspraxie
- La promotion des services d'aide aux personnes ayant ces troubles ou à leurs familles

AAD France (Association avenir dysphasie France)
aad-france.dysphasie.org
- Organisation de soirées, débats, colloques... pour sensibiliser toutes les parties prenantes (médecins, enseignants, rééducateurs, orthophonistes, parents) aux troubles dysphasiques
- Réunions pour sortir de leur isolement les familles des personnes souffrant de DYS
- Accompagnement dans les démarches administratives
- Actions auprès des pouvoirs publics
- Publications de matériels pédagogiques
- Création d'institutions spécialisées

Maison du langage
www.maisondulangage.fr
Projets pour prévenir et informer sur les troubles du langage de l'enfant

APEAD (Association de parents d'enfants aphasiques et dysphasiques)
apead.be/fr
Organisation d'évènements pour les enfants dysphasiques et aphasiques et leurs parents

Regroupement langage Quebec
www.langagequebec.ca
Regroupement québécois de neuf associations régionales :
- information sur la dysphasie
- accompagnement et défense des droits des personnes dysphasiques

Dyscalculie

Numeridys
numeridys.wordpress.com
Site informant sur la dyscalculie, proposant des matériels et des témoignages

Ressources/Matériels/Logiciels

Dys-positif
www.dys-positif.fr
Site proposant des ressources adaptées, des informations, des cahiers de vacances, des stages...

Click-N-Type
cnt.lakefolks.com/fr-intro.htm
Clavier virtuel qui s'affiche sur l'écran

Tux Typing
tux-typing.fr.uptodown.com
Logiciel gratuit pour apprendre de manière ludique à taper au clavier (sous Windows)

Microsoft OneNote
www.onenote.com
Bloc-notes numérique (prise de notes, insertion d'images)

ADELE-TEAM
ifrath.fr/adele-team
Logiciel pour l'écriture et la lecture rapides de gros documents, avec un correcteur adapté

Antidote
www.antidote.info/fr
Logiciel de correction orthographique

Cordial
www.cordial.fr
Logiciel correcteur d'orthographe, de grammaire et de style « dopé » à l'intelligence artificielle

DysVocal/Dys-Mot
www.dyslogiciel.fr
Logiciel d'aide à la lecture et à l'écriture pour dyslexie et dyspraxie

Dictée vocale clavier
support.apple.com/fr-mg/guide/mac-help/mh40584/mac
Logiciel de dictée vocale (sous Mac)

Multimalin
multimalin.com
Méthode d'apprentissage des tables de multiplication, de conjugaison et d'orthographe

Sos-écriture
www.sos-ecriture.com
Méthode pour remédier aux troubles de l'écriture

Déclic
http://emmanuel.ostenne.free.fr/
Logiciel de géométrie (sous Windows ou Linux)
Trousse géo tracé
www.inshea.fr/fr/content/trousse-géo-tracé-5-outils-adaptés-de-tracés-géometriques
Trousse de géométrie : 5 outils adaptés de tracés géométriques

GeoGebra
www.geogebra.org
Logiciel de mathématiques intégré pour tous les niveaux, et toutes les branches (géométrie, algèbre, tableur, grapheur, statistiques et calcul infinitésimal)

Méthode des Frères Lyons
https://www.pass-education.fr/la-methode-des-freres-lyons-pour-comprendre-les-maths-tout-en-s-amusant/
Méthode d'apprentissage ludique des mathématiques

ThaMographe
thamtham.fr/le-thamographe
Outil de mesure et de traçage 4 en 1

Langagiciels
www.langagiciels.com
Une suite logicielle proposée par l'association EcLire (environnement informatique visant l'appropriation et la maîtrise du monde de l'écrit)

OPERPOSE
www.updatestar.com/fr/topic/telecharger%20operpose
Logiciel pour poser des opérations

Cabri
www.cabri.com/fr
Logiciels d'aide aux mathématiques

Canopée
www.reseau-canope.fr
Nombreuses ressources pour les enseignants, logiciels gratuits, matériels, échanges...

informatique-enseignant.com
www.informatique-enseignant.com/outils-gratuits-pour-creer-cartes-mentales/
Ressources informatiques pour enseignants permettant la création de cartes mentales

Ressources École
ressources-ecole.blogspot.com
Partage de pratiques et de ressources à destination d'enfants DYS

Association idée
idee-association.org
Logiciels pour répondre aux besoins de personnes souffrant de DYS

Handicat
www.handicat.com
Base de données des aides techniques pour personnes souffrant de handicaps, leurs proches et les professionnels de santé

Cartable fantastique
www.cartablefantastique.fr
Ressources pour faciliter la scolarité des enfants en situation de DYS, plus particulièrement dyspraxiques

Michèle Cerisier
sites.google.com/site/michelecerisier
Ressources pour l'accompagnement des enfants DYS

Dysphasie-Suisse
www.dysphasie-suisse.info/fr
Site de vulgarisation de la dysphasie

Programme Makaton
www.makaton.fr
Programme d'aide à la communication et au langage, qui utilise un vocabulaire fonctionnel avec la parole, les signes et/ou les pictogrammes

Orthomalin
www.orthomalin.com
Ressources et outils mis en ligne par des orthophonistes

Info-langage
www.fno-prevention-orthophonie.fr
Site à destination des parents et des professionnels de santé et de la petite enfance, dédié à la prévention des troubles du langage et à la lutte contre l'illettrisme

Le jardin de Dysmoi
lejardindedysmoi.fr
Informations et formations en ligne sur les troubles DYS

La course aux nombres
www.lacourseauxnombres.com
Logiciel d'enseignement ludique de l'arithmétique, à destination des enfants de 4 à 8 ans

MathEOS
lecoleopensource.fr/matheos
Logiciel à destination des élèves du primaire et du collège permettant de suivre un cours de mathématique. Il porte une attention particulière aux élèves dyspraxiques

Conseils de lecture spécial DYS
Lirado (enfants et ados DYS)
La bibliothèque idéale
Conseils de lecture adaptés aux enfants et aux adolescents dyslexiques

Livres audio
www.audiocite.net
www.litteratureaudio.com
www.bibliothequesonore.ch (suisse, gratuit avec un document attestant la dyslexie)
eole.avh.asso.fr
Livres audio à télécharger gratuitement

Achat de matériels adaptés aux élèves DYS
www.hoptoys.fr
www.materieldys.com
www.ugodys.fr
www.serpodile.com (pour les enfants dyspraxiques et dysgraphiques)
www.espace-orthophonie.fr
www.tous-temps-cadeaux.com
www.planet-eveil.com

GEPALM (Groupe d'études sur la psychologie des activités logico-mathématiques)
gepalm.org
Association dispensant une formation aux orthophonistes, enseignants spécialisés,

psychomotriciens, psychologues, ergothérapeutes, neuropsychologues qui désirent se pencher sur les pathologies logico-mathématiques

Banques de pictogrammes
Pour créer ses propres pictogrammes :
www.pictoselector.eu/fr/ (gratuit)
www.lespictogrammes.com
www.autisme-ressources-lr.fr/IMG/pdf/ressources-pictogrammes.pdf

La poule qui pond
www.lapoulequipond.fr
Maison d'édition qui propose des albums entièrement syllabés pour s'adapter aux enfants en apprentissage de la lecture et aux enfants dyslexiques
Colibri

www.belin-education.com/colibri
Une collection de livres sur mesure, conçus spécialement pour les enfants DYS, testés par des enfants DYS pour faciliter la lecture et réduire la fatigue visuelle

J'apprends à lire au pays des sons complexes
www.eyrolles.com/Loisirs/Livre/coffret-j-apprends-a-lire-au-pays-des-sons-complexes-9782212570632/
Coffret pour soutenir l'apprentissage de la lecture adapté aux enfants DYS

J'apprends à lire avec les Grands Classiques Disney spécial dyslexie
www.hachette.fr
Collection conçue pour les enfants qui rencontrent des difficultés dans l'apprentissage de la lecture

Sigles DYS

AESH : assistant d'élève en situation de handicap

ASE : aide sociale à l'enfance

AVS : assistant de vie scolaire

AVS-co ou AESH-co : assistant de vie scolaire - collectif ou assistant d'élève en situation de handicap - collectif

AVS-I ou AESH-I : : assistant de vie scolaire - individuel ou assistant d'élève en situation de handicap - individuel

AVS-M ou AESH-M : assistant de vie scolaire – mutualisé ou assistant d'élève en situation de handicap - mutualisé

CAMSP : centre d'action médico-social précoce

CDAPH : commission des droits et de l'autonomie des personnes handicapées

CFG : certificat de formation générale

CLIS : classe pour l'inclusion scolaire

CMP : centre médico-psychologique

CMPP : centre médico-psychologique pédagogique

DNB : diplôme national du brevet

EREA : établissement régional d'enseignement adapté

ESMS : établissements et services médico-sociaux

FLS : français langue seconde

Geva-Sco : guide d'évaluation des besoins de compensation en matière de scolarisation

IME : établissement médico-éducatif

ITEP : institut thérapeutique, éducatif et pédagogique

LEA : lycée d'enseignement adapté

MDPH : maison départementale des personnes handicapées

PAI : projet d'accueil individualisé

PAP : plan d'accompagnement personnalisé

PMI : protection maternelle et infantile

PPRE : programme personnalisé de réussite éducative

PPS : projet personnel de scolarisation

SEGPA : section d'enseignement général et professionnel adapté

SESSAD : services d'éducation et de soins spécialisés à domicile

ULIS : unité localisée pour l'inclusion scolaire

UPE2A : unité pédagogique pour élèves allophones arrivants

Bibliographie

- AKOUN, Audrey et PAILLEAU, Isabelle, *Apprendre autrement avec la pédagogie positive*, Eyrolles, 2013.
- ALVAREZ, Céline, *Les Lois naturelles de l'enfant : la révolution de l'éducation*, Les Arènes, 2016.
- BARTH, Britt-Mari, *Élève chercheur, enseignant médiateur : donner du sens aux savoirs*, Retz, 2016.
- BASLER-KLEIN, Odile, *La Dys de cœur : Quand les dyslexiques s'expliquent à cœur ouvert*, Demdel, 2018.
- BOIS PARRIAUD, Françoise, LELOUP, Gilles et CASALIS, Séverine, *Prise en charge des troubles du langage écrit chez l'enfant*, Elsevier Masson, 2019.
- BRETON, Sylvie et LÉGER, France, *Mon cerveau ne m'écoute pas : comprendre et aider l'enfant dyspraxique*, éditions de l'Hôpital Sainte-Justine, 2019.
- BUZAN, Barry et Tony, *Mind map : dessine-moi l'intelligence*, Eyrolles, 2012.
- CAUSSE-MERGUI, Isabelle, *À chaque enfant ses talents : vaincre l'échec scolaire*, Le Pommier, 2000.
- CAUSSE-MERGUI, Isabelle et HÉLAYEL, Josiane, *100 idées pour aider les élèves « dyscalculiques »*, Tome Pousse, 2018.
- CERQUIGLINI, Bernard, *L'Orthographe rectifiée*, Librio/Le Monde, 2016.
- CHANTREAU-BECHOUCHE, Christelle, DYS, TDAH, EIP : *Le manuel de survie pour les parents (et les profs)*, Josette Lyon, 2018.
- CHÉE, Françoise, *L'enfant DYS : le comprendre, l'accompagner, le valoriser*, Hatier, 2020.
- DAVIS, Ronald D., et al., *Le Don de dyslexie : et si ceux qui n'arrivent pas à lire étaient en fait très intelligents*, Desclée de Brouwer, 2012.
- DAVIS, Ronald D., BRAUN, Eldon M., *Le Don d'apprendre*, Ioannis Tzivanakis Verlag, 2017.
- DEHAENE, Stanislas, *Les Neurones de la lecture*, Odile Jacob, 2007.
- DELDIME, Roger et VERMEULEN, Sonia, *Le Développement psychologique de l'enfant*, De Boeck et Belin, 1997.
- DE HEMPTINNE, Delphine, *Aider son enfant à écrire : 50 fiches contre la dysorthographie*, De Boeck, 2019.
- DE HEMPTINNE, Delphine, *Aider son enfant à compter et calculer : 50 fiches contre la dyscalculie*, De Boeck, 2017.
- DE MEUR, Auguste et NAVET ,Philippe, *Méthode pratique de rééducation de la lecture et de l'orthographe : dyslexie, dysorthographie*, Belin, 1985.

• DUVILLIÉ, Rébecca, *Petit Dyslexique deviendra grand : comprendre et accompagner les enfants dyslexiques*, Marabout, 2004.

• ENDERS, Giulia, *Le Charme discret de l'intestin : tout sur un organe mal aimé*, Actes Sud, 2014.

• FERRY, Luc, *Sept façons d'être heureux*, XO, 2016.

• GAIGNARD, Anne-Marie, *La Revanche des nuls en orthographe*, Calmann-Lévy, 2012.

• GARDNER, Howard, *Les Intelligences multiples*, Retz, 2008.

• GÉNINET, Armelle, *Faites-les réussir en maths : de l'école à l'entrée au lycée*, Chronique sociale, 2015.

• GIORDAN, André et SALTET, Jérôme, Coach *Collège : le guide pour apprendre à apprendre*, PlayBac, 2006.

• GOETRY, Vincent, et al., *Génération dyslecteurs*, Érasme, 2014.

• GREEN, Julian, *Le Langage et son double*, La Différence, 1985.

• GREEN, Shannon et REID, *Gavin, 100 idées pour venir en aide aux élèves dyslexiques*, Tom Pousse, 2012.

• GUEGUEN, Catherine, *Vivre heureux avec son enfant*, Robert Laffont, 2015.

• GUILLOUX, Roselyne, *L'effet domino « DYS »*, Chenelière, 2009.

• GRAS, Domitille et PLOIX MAES, Emmanuelle, *100 idées pour mieux comprendre ce qu'est l'intelligence*, Tom Pousse, 2018.

• HABIB, Michel, *La Constellation des Dys : bases neurologiques de l'apprentissage et de ses troubles*, De Boeck, 2014.

• HABIB, Michel et CAMUS-CHARRON, Marjorie, *J'ai des DYS dans ma classe ! Guide pratique pour les enseignants*, De Boeck, 2019.

• HADJI, Charles, *Comment impliquer l'élève dans ses apprentissages : l'autorégulation, une voix pour la réussite scolaire*, ESF, 2015.

• HARWAL, Élise, *100 idées pour accompagner les élèves dysgraphiques : et tous ceux dont l'écriture est illisible, lente, douloureuse et peu soignée...*, Tom Pousse, 2019.

• HÉBERT, Danièle et al., *Pour guider la métacognition*, Presses de l'université du Québec, 2011.

• KETTELA, Agnès, *Je construis mes rédactions*, Tom Pousse, 2010.

• KIRBY, Amanda, PETERS, Lynne, *100 idées pour aider les élèves dyspraxiques*, Tom Pousse, 2010

• LA GARANDERIE (de), Antoine et CATTAN, Geneviève, *Tous les enfants peuvent réussir*, Bayard, 1988.

• LA GARANDERIE (de), Antoine, *Les Profils pédagogiques*, Paidoguides, 1986, 4e édition.

• LACHAUX, Jean-Philippe, *Le Cerveau funambule : comprendre et apprivoiser son attention grâce aux neurosciences*, Odile Jacob, 2015.

• LACHAUX, Jean-Philippe, *Les Petites Bulles de l'attention*, Odile Jacob, 2016.

• LEMAIRE, Patrick, *Psychologie cognitive*, De Boeck, 2006.

• LEROUX, Marie-Noëlle et TOUZIN, Monique, *100 idées pour venir en aide aux enfants dysphasiques*, Tom Pousse, 2010.

• LIEURY, Alain, *Psychologie cognitive en 35 fiches*, Dunod, 2° édition, 2011.

• LUSSIER, Francine, *100 idées pour mieux gérer les troubles de l'attention*, Tom Pousse, 2010.

• MAZEAU, Michèle et POUHET, Alain, *Neuropsychologie et troubles de apprentissages chez l'enfant*, Elsevier Masson, 2014.

• METELLUS, Jean et SAUVAGEOT, Béatrice, *Vive la dyslexie*, Nil, 2002.

• NUYTS, Élisabeth, *Dyslexie, dyscalculie, dysorthographie, troubles de la mémoire : prévention et remèdes*, Élisabeth Nuyts, 2012.

• NUYTS, Élisabeth, *La Grammaire structurante*, Godefroy de Bouillon, 2008.

• PENNAC, Daniel, *Chagrin d'école*, Gallimard, 2007.

• PÉPIN, Charles, *Les Vertus de l'échec*, Allary, 2016.

• POUHET, Alain et CERISIER-POUHET, Michèle, *Difficultés scolaires ou troubles DYS ?*, Retz, 2015.

• POUHET, Alain, *Questions sur les Dys- : des réponses*, Tom Pousse, 2016.

• POUHET, Alain et MAZEAU, Michèle, *Bien apprendre à l'école*, Horay, 2018.

• SAMIER, Rémi et JACQUES, Sylvie, *Neuropsychologie et stratégies d'apprentissage : concrètement, que faire ?*, Tom Pousse, 2019.

• SAUVAGEOT, Béatrice, *Adieu, la dyslexie !*, Robert Laffont, 2015.

• SIAUD-FACCHIN, Jeanne, *Mais qu'est-ce qui l'empêche de réussir ?*, Odile Jacob, 2015.

• SNEL, Éline, *Calme et attentif comme une grenouille*, Les Arènes, 2012.

• SPRENGER-CHAROLLES, Liliane, et COLE, Pascale, *Lecture et Dyslexie : approche cognitive*, 2e édition, Dunod, 2013.

• TISSERON, Serge, *3-6-9-12 Apprivoiser les écrans et grandir*, Érès, 2015.

• TOSCANI, Pascale (dir.), *Les Neurosciences au cœur de la classe*, Chronique sociale, 2013.

• TOUZIN, Monique, *100 idées pour venir en aide aux élèves « dysorthographiques »*, Tom Pousse, 2014.

• VALDOIS, Sylviane, et al., *L'Orthographe illustrée*, Ortho-Editions, 2003.

• VALET Carol, et al., *SOS mon enfant est DYS : révélez ses talents pour réussir*, Hachette, 2017.

• VERSTICHEL, Patrick, *Les Sens trompés : des anomalies du cerveau aux comportements étranges*, Belin, 2003.

• WESTEN, Drew, *Psychologie : pensée, cerveau et culture*, De Boeck, 2000.

• WETTSTEIN-BADOUR, Ghislaine, *Bien parler, bien lire, bien écrire*, Eyrolles, 2006.